suncolor

suncolor

黑夜裡的送行者

—從艋舺大哥到禮儀師　冬瓜大哥談生也談死—

作者／
冬瓜（郭東修）

suncolor
三采文化

謹將此書獻給我最親愛的太太　楊貴春

—推薦序1—

他是明是非、講義氣的奇人

中華民國國際刑警之友協會祕書長　洪勝堃

「冬瓜」，一位曾是道上的兄弟，現在從事葬儀業、熱心公益……我早聞其名，但真正的熟識，是透過聯合晚報資深記者孔令琪的介紹，進而交往的。從一位曾經是拳來腳去「芳明館」的兄弟，變成維護社會治安的警察局局長的朋友，這種過程一定有許多的考驗。他洗心革面、力求向善的勇氣和承擔，讓我十分佩服和感動。

因職務關係，我服務了許多縣市，也有機會在國內外念書、訪問、開會……因此我得以認識許多各階層的人士，但「冬瓜」卻是我認識的朋友中一位很具「原味」、明是非、講義氣的奇人。

推薦序1

他是明是非、講義氣的奇人

在刑事鑑識科學領域中，李昌鈺博士在全球具有相當程度的權威，他用的是科學鑑識的結果來研判案情。而「冬瓜」因其從事葬儀業，所以經常有機會協助警方處理刑案現場，使他對於人死後屍體呈現的各種變化，具有非常獨特的「臨場經驗」，直如李昌鈺博士所言的「屍體會說話」。他的經驗雖然沒有科學方法和步驟，但其參考價值卻是辦案人員所不容忽視的。

例如，書中提到一件初判是服藥自殺的女屍案，派出所據報後，依一般程序處理，在現場等候檢察官前來相驗。而「冬瓜」接獲通知趕赴現場，準備移屍工作時，察覺死者眼瞼有點狀出血性眼斑的異狀，警覺可能是窒息死亡的命案。他迅速通報派出所、告知可能是他殺命案，即時為警方爭取偵辦時效，使得該案不久即順利緝獲兇嫌。除了印證了「屍體會說話」的理論，當然也要有像「冬瓜」這般的高人」，「聽」得到、「看」得懂，才行。

我在台北市政府警察局服務期間，因「冬瓜」協助警方處理許多刑案現場，經常發揮不求回報的善心和投入公益的熱忱，故頒發獎章予以表揚。

《黑夜裡的送行者》一書中，除了描述「冬瓜」如何轉惡為善的經過值得鼓勵外，對於他用特殊的方式，協助刑案現場的處理經驗，讓往者靈安、生者心安的具體表現，亦應予以一定的傳揚，故為序。

民國一百年正月

推薦序2

從地獄到天堂的台灣送行者

自由時報記者　王瑞德

初識冬瓜時，他剛放下「艋舺」打滾幾十年的「芳明館」殺手身分，走入人人避之唯恐不及的殯葬業。

廿幾年來，看著他從當年自己騎著「小蜜蜂」機車，大街小巷尋找意外死亡屍體或無名屍，一直到打出「菩提心」自己品牌的葬儀社老闆，當年那個曾經在無間地獄中吸毒、殺人的阿修羅，沒想到如今已成為上電視時那一位苦口婆心勸世的活菩薩。

當然，他是擁有「霹靂」長相的菩薩心腸。

冬瓜的崛起，和我有關

當年我和他邊泡茶，邊聊天，原本想聊聊他有沒有靈異的八卦，沒想到這一聊，就聊出了他成長的故事。從小在萬華長大的他，不僅和台灣幾位槍擊要犯一起加入「芳明館」，就連開槍擊中槍擊要犯「阿龍」陳新發的台北市刑警大隊資深小隊長「王猴」王侯爵，也是他的國小同學。

曾經腳步踏差，一度因毒癮發作痛不欲生，但是看著就讀幼稚園的兒子不捨又懼怕的眼神，冬瓜決定重新作人。他將兒子暫時託付給好友，要求好友將房門反鎖，不論如何三天內不准開門。在事先已在屋內到處裝好保麗龍保護的情況下，冬瓜歷經了人世間戒毒最難度過的三天！

但是三天後，戰勝毒癮的他，終於走出室外，迎向光明人生。

從此江湖少了殺手，人間多了菩薩

在一位國大代表的提攜下，冬瓜當上了國代的司機，事後並在國代的建議下，走入了殯葬業，一進入，就是廿年。

當時我用半個版的版面，在自由時報社會新聞版，速寫這一位有如「玄天上帝」放下屠刀的人間真實故事。冬瓜因此開始受到注意，不僅有大專院校邀請演講，更有電視談話性節目邀請他成為特別來賓。當時，曾有一家背後有議員當靠山的葬儀業者，對外放出風聲，說冬瓜花了整整一百萬元，「收買」我替他寫故事。

事實上別說一百萬，我認識他廿年，他連一口酒也沒請我喝過呢！

這純粹是英雄惜英雄，義氣相挺。

這些年來，越來越少聽到冬瓜的「三字經」

有一次在第二殯儀館門口，當他辦完喪事準備回公司時，卻發現有一位老阿伯抱著棺材在哭，原來是外縣市不肖葬儀業者，竟然在騙光了阿伯的錢後，將他和哥哥的遺體棄置在殯儀館外！冬瓜聽完後，想了想，就帶著阿伯和他的「哥哥」，一起進入殯儀館內，自掏腰包幫他辦好後事手續。

南亞大海嘯時，死傷人數何止數十萬！當時冬瓜恰好從國外進口二千具屍袋準備未來使用，二話不說，立刻全數捐出辦理空運到災區。

這些事情冬瓜都很低調，不想聲張，但是，他又怎麼瞞得過我這一位「無孔不入」的資深社會記者朋友？

我的老媽在民國九十九年四月廿一日去世，後事就委由「菩提心」辦理，謝謝老朋友為老媽所設的莊嚴靈堂，老爸也很滿意冬瓜為老媽所辦的喪事。

每當有機會和冬瓜同台時，我總會趁機勸勸他，不要老是罵人，脾氣不要那麼衝，畢竟現在是「名人」啊！你的一舉一動都會被人家放大來看。

而冬瓜的「客戶」中，也不乏大台北地區大家熟悉的黑白兩道中人。

欣聞冬瓜終於出書，謹以「從地獄到天堂的台灣送行者」，送給我這一位人間難得的好友。

民國一百年一月二日生日敬書

—代自序—

我冬瓜是個不會說話的人！大家都知道我以前是出口成髒！但是這幾年在和我老婆的相處過程中，現在你們看到的我，跟過去已經有很大很大的不同，什麼能戒的也都戒了，現在只剩下抽菸還戒不掉而已。

我老婆曾說，如果不是她，我還是過去的流氓。我們兩個好的時候像蜜糖，吵起來的時候像在打共匪。但是如果不是她，我說不定真的還是流氓，而不是現在你看到的冬瓜。

這本書是因為她的鼓勵所以才出版的，她說書裡面，可以把很多能告訴觀眾、聽眾的，都寫下來。我將這本書獻給她，也給所有的讀者。我謝謝社會大眾給我的那麼多機會，也謝謝我老婆。

我老婆在二〇一〇年年底往生了。我很想念她。我在辦公室牆壁上掛著「無際大師心藥方」，我經常看著這帖藥方，有時候想著這世人很奇妙的人生，有時候靜靜的，想伊。

無際大師心藥方

大師諭世人曰，凡欲修身、齊家、治國，先須服我十味妙藥，方可成就：好肚腸一條、慈悲心一片、溫柔半兩、道理三分、信行要緊、中直一塊、孝順十分、老實一個、陰騭全用、方便不拘多少。

此藥用寬心鍋內炒，不要焦，不要躁，去火性三分，於平等盆內研碎。三思為末，六波羅蜜為丸，如菩提子大。每日進三服，不拘時候，用和氣湯送下。果能依此服之，無病不癒。

切忌言清行濁，利己損人，暗中箭，肚中毒，笑裏刀，兩頭蛇，平地起風波。以上七件須速戒之。福德無量，此前十味，若能全用，可以致上福壽，成佛成祖。

若用四五味者矣，亦可滅罪延年，消災免惡，各方俱不用，後悔無所補，雖扁鵲盧醫，所謂病在膏肓，亦難癒矣，況此方不悞主顧，不費藥金，不勞煎煮，何不服之，此方絕妙合天機，急須對治莫遲疑。

太太，我想你。

一八年再版代序一

死亡讓我們知道——人生是有限的

冬瓜禮儀．冬瓜行旅　郭憲鴻（小冬瓜）

有一次跟一個同行的前輩聊天，他說爸爸真的是一個很了不起的人，他觀察細微，執行力很強，同時也是個很有遠見的人。一個人若能在一個產業做出成就已經很不得了；而爸爸不只做出成就，居然還顛覆它，改變它，甚至能讓大家懷念他……

我爸爸——冬瓜，是在一九九六年踏入殯葬行業，認真算起來，到他過世的二〇一三年，從一個門外漢，踏入殯葬產業短短十七年，竟然在殯葬業完成了許多別人眼中不可能的事。他講話不會文謅謅（當然不會，笑），也沒有什麼商業氣息，他帶給社會大眾一種全新的觀點——原來殯葬業既土性也有人情味。

他讓很多原本對這個產業抱有很多負面刻板印象的人，都徹底改觀了。他用他真誠的努力，感動了大家。他服務了超過兩千位無名主，透過具體的行動，與公部門持續建言，讓台北市針對無名主這個制度做得更加周全。如今有了完善的制度，不用再擔心無名主不能好好善終。

他引進了先進的硬體燈光音響設備，有了這些技術的輔助，讓家屬有了更多的選擇，能客製化自己的需要。追思音樂會、生前告別式，這些至今還有很多人覺得前衛的喪禮方式，在他生前就已是家常便飯。

他常說：「告別的方式，沒有標準答案，重點是家屬要的是什麼」、「要傳統有傳統，要客製化有客製化」、「告別，不該只有一種方式」。

當我這幾年觀察下來發現到，對台灣社會來說「死亡」雖然不再是禁忌的話題，但是我們對生命教育的瞭解還是非常薄弱。我因為歷經了父喪的過程，所以才更能深刻體會到，只有規劃「殯葬」是遠遠不夠的。在面對死亡的這趟「單程旅行」上，我們還有非常多需要規劃，包含「合法遺囑的保障」、「臨終醫療決定」、「遺物的分配」、「給家人的祝福」。

對現代社會而言，他們對葬儀社的要求，也已經遠遠不是傳統喪禮文化能滿足了——是時候需要做點改變了。

二〇一八年我創立了「冬瓜禮儀」，同時成立「單程旅行社」，希望將人們最害怕的死亡，跟最喜歡的旅遊這兩件事情合而為一。透過公開的講座，跟學員分享新知，學習如何與家人溝通，為自己規劃「單程旅行計畫書」。透過各種工作坊或分享會，讓大家重新學習死亡對生命的價值，讓死亡這件事情不再讓人感到恐懼。我希望這樣的舉動，能算是對老爸這種勇於改革的精神予以致敬。

你說死亡的正面意義是什麼？我會說：「珍惜對自己真正重要的事物，因為死亡時常提醒我們，人生是有限的。」

而這，是我最大的體悟。

我曾經離家出走，一離開就是好幾年。當我再次回到家，爸爸已經罹患癌症，生命正逐漸凋零。我們能相處的，就只剩那短短的幾個禮拜。我很後悔，我早該回來的，哪怕多陪他一下也好，讓他罵也好。離家，原本只想證明自己獨立，好讓他知道他的兒子長大了，不用這麼拼命工作，可以好好享受人生了。但是命運捉弄人，我什麼都來不及證明，只能站在病床前，面對即將離去的老爸。眼淚直流，低著頭，一個字都不敢說。內心責備著那自以為是的傲慢……從小在葬儀社長大，生離死別看了這麼多，但到如今才想到要珍惜那個最重要的人。這一切實在是太荒謬了！

在他要離開前的兩個禮拜，有一天他說想到醫院外透透氣。我推著輪椅，將他帶到了醫院外頭的綠地，他若有所思地望向人群。我鼓起勇氣，向他懺悔尋求他的原諒。為什麼之前不說？因為我很害怕，很恐懼，他若不原諒我該怎麼辦。

但爸爸只淡淡說了一句：「沒事，這都是爸爸的命。」

那天下午我們聊了很多，他說：「我的人生雖然短，但是很精彩了。你想看看，有幾個人能像爸爸這樣，曾被眾人所唾棄，是最不入流的社會亂流，能有一天被大家這樣肯定。我覺得很值得了。我很感謝。我知道我不是一個好爸爸，你也要原諒我。我真的很努力去做了，但我不知道該怎麼樣當一個好爸爸。我只希望在我有能力時能為你多做一點，你才不會像我小時候那樣辛苦……以後剩你自己一個，你要加油。」

我問他：「那你有什麼遺憾嗎？」

「我想我唯一的遺憾，就是來不及看你結婚生子……」

說完，我們都哭了……

我最大的遺憾是，為什麼我們從未好好的像這樣談天？等到了最後，才知道要珍惜……但我很感激老天爺，給我懺悔的機會，讓我還有機會，在我爸爸清醒時，親口對他說出一句對不起。這些年服務的家屬中，能在人生終點像這樣好好說話的，真的很罕見。幾年下來，我也慢慢的放下了。我們父子都不擅長表達，明明是彼此相愛，但每到重要的關頭。卻又是傷害彼此最深的那道疤痕。

以前我很受不了，他總是把工作擺第一，家庭、生活，最後連健康都犧牲掉了。他也很受不了，為什麼我這麼反骨，這麼不願意乖乖聽話、體諒他的辛勞。我們兩個石頭吵起架來，勢均力敵誰也不讓誰，但是到了最後又有誰贏呢？最終，我們都成為了最大的輸家。

人生無法重來，遺憾也無法被改變，但幸好我們還有人生可以去修改我們的劇本，讓每個階段的遺憾，成為下個階段的養分，蛻變成一個更好的人生。

我想感謝三采出版社的大家，沒有你們八年前的努力，就沒有辦法留下這本珍貴的紀錄，同時對許多人來說也是很有意義的書。最後我最想感謝的人，就是我的爸爸，沒有你當年的堅持，絕對沒有今天的我。我很驕傲有一個爸爸，他叫郭東修。而這本《黑夜裡的送行者》，就是他人生跌宕起伏的紀錄和總結。

目錄

他是明是非、講義氣的奇人——洪勝堃 6
從地獄到天堂的台灣送行者——王瑞德 9
代自序 13
八年再版代序 16

第一章 迌迌的日子 27

加入芳明館，很威風！ 28
茶桌仔小弟很能打 34
查某間最熱鬧 38
逞兇鬥狠，真義氣？ 43
我現在哩迌迌 46

開賭場、試能力 49
沒有永遠的黑道 52
跟殯葬業結下不解之緣 57

第二章 最後的心意 63

第一次碰到亡者的手 64
殯葬學問大 71
收大體也要看地盤？ 77
你不用靠交陪或應酬來做葬儀 81
人生最大的貴人是太太 87
殯葬業就是服務業 93
塵歸塵、土歸土 101
預立遺囑，讓你走得有尊嚴 105

台灣適合生前契約嗎？ 109
殯葬文化可以靠證照來提升嗎？ 113
一談到錢，大家就閉嘴了 121
臨終事最能讓人看到荒謬與人性 126

第三章 暗夜的送行 133

收意外現場不是為了錢 134
屍體會說話 141
保存跡證，人人有責 149
我連屍水都喝過 154
警察都不想去的現場 158
幫他們找到回家的路 163
警察最高榮譽獎章 168

第四章 真實的我 173

嚴師才能出高徒 174
靈異有影嘸？ 179
十個神棍‧八個王八 183
他們給我的遺書 190
我看霸凌事件 194
現在我只要親情 199

第一章

迢迢的日子

加入芳明館，很威風！

我從小到大，都是阿嬤帶大的，現在的社會叫作「隔代教養」。我阿爸在彰化開紡織廠，媽媽跟我一直不太熟，所以到國中輟學以前，每天都是我阿嬤邊賣冬瓜茶，邊養我、照顧我。

當時我家住在萬華三角窗（梧洲街跟廣州街街口）附近，那裡是個很複雜、什麼人都有的地方。隨便一個我的左右鄰居，都可能「喊水會結凍」。他們操傢伙、看誰不爽就打誰，甚至還有錢領！光看就覺得能這樣不被欺負很威風！

小時候慢慢耳濡目染，大哥帶小弟一個個加入，我在還沒領到國中畢業證書前，就進入了那時候名震一時的「芳明館」。

畢業典禮進警局

我為什麼國中沒畢業呢？想也知道是因為住在那裡，有樣學樣。甚至，我根本沒爸媽管，每天都要顧店的阿嬤其實也沒什麼時間管我。所以，我在國中的時候就已經很叛逆、很兇狠，無所事事，就只想著要「趴七仔」（追女生）。但是沒錢請七仔很丟臉，我又不敢跟阿嬤拿，所以我就在學校專門找同學要錢！找那些看起來好欺負的同學，一次十元、二十元的拿。我太太（第二任）剛認識我的時候，常跟我說：「你會這樣，就是因為你是沒有爸爸媽媽照顧的小孩，你一開始的防衛心很重，武裝出很兇的樣子。」

真的，我一開始是假裝很兇，怕被人欺負、也真的想威風。沒想到後來真的慢慢走偏，很快的，我就找到了一群臭味相投的朋友。幾個人年紀小，什麼事情、後果都沒有多想，頭殼裡攏是怎麼做壞事。所以，我們在學校無所不能、無所不打，就這樣，我國中畢業那天，連畢業證書也沒領到，少年警察隊就直接把我拖走——因為好幾個同學被我勒索，嚇得不敢去上課。同學的媽媽打電話去警局報警，所以我就從學校一路被帶到警局。

警察第一句話問我：「你厝內底有誰？你喀電話呼你阿爸。」我心裡想：我哪知道我阿爸彰化的電話？要是打給阿嬤，我ㄟ呼伊罵死、用棍仔打死。

最後，我打電話給最疼我的小姑姑，小姑姑才來把我保走，那年我十五歲。

大哥，我不錯！

被警察抓去後，沒多久還是要回學校繼續上課，畢竟我沒領到畢業證書。不過，我當然沒回去。當時我直接跟著那時候已經畢業的國中朋友，一起去芳明館混。我們認識的前幾屆學長，帶著我們加入芳明館。不過，想進入芳明館哪有這麼簡單！有人「罩你進去」，不代表「大哥」認同你。得要真的在裡面有事情做，才算是有在「混芳明館」。

要在這裡混，得先獲得老大的肯定，再來是其他大哥們看不看得順眼，當然自己也要聽話。接著一段時間後，大哥們會看看小弟動作、講話，再測試一下忠誠度夠不夠。老大們看人的經驗很多，他們會從小細節觀察，像那時候我們有三個人一起去，大哥們就跟帶我們的學長說：「冬瓜這兩個不錯，另外一個就不要再帶來這邊。」

獲得老大的認可後，我正式加入了芳明館。

威震八方芳明館

現在很多少年仔不知道威震八方的芳明館在哪裡，讓我來講清楚一點。有看電影《艋舺》的人，可能有注意到，電影有張海報，海報裡的背景後方，就是芳明館。當然，那個故事背景不是我們這邊的。芳明館的地理位置就在萬華區華西街，當時華西街查某間（妓女戶）最後面的一塊空地，本來有一棟「搬戲間」，就是會常常上演布袋戲的地方。旁邊的商店都是「打槍仔間」，什麼是「打槍仔間」？有點像是現在夜市會有的小遊戲，拿空氣槍瞄準白紙，白紙有一格一格的，射中那些小格子，裡面會有小獎品掉下來，那個年代都會放森永牛奶糖。以芳明館為中心發展出去的店面，晚上非常熱鬧，也算是好玩的娛樂場所。

早期萬華區有名的四大角頭，包括：頭北厝、龍山寺口、華西街、芳明館，其中以芳明館油水最多、最有勢力，有用不完的兄弟和傢伙！在當時，一個小弟每天隨便就有個一、兩百塊錢可以花，大哥們出手也很大方。我加入後，都覺得自己走路有風、沒人敢動我。

早期在萬華流傳一首代表芳明館的詩詞，我覺得非常能夠說出芳明館的精神：

芳草相聞百里香
明月當空照萬里
館處南山一支峰
口似北海胸如懷

這首七言詩，就說出這地方是可以接納很多朋友的。如果用兄弟間的義氣來形容，也是可以啦！我還記得，在我十六歲剛踏入館口的時候，「芳明館」這三個字是用金仔打的，金閃閃，很「暢秋」、很霸氣，超級有面子！就像我講的，我們這邊錢賺最多，所以什麼都用最好的。芳明館的收入來源主要是靠旁邊的賭場、查某間，這些店都會固定給我們保護費，我們兄弟就保護他們的安全，幫助他們維持店家經營的權利。

任何人只要敢在芳明館地盤上鬧場，兄弟們就負責擺平，隨便「調傢伙」就會嚇死一堆人！因為這裡的傢伙，在江湖上也是多得出名，西瓜刀、棒球棒、耙子，什麼都有，平時會有小弟特別看管，很像彈藥房有人特別照顧一樣。平常大哥一通電話打來說：「武器馬上傳傳ㄟ，暗時拚輸贏」，小弟們就要準備好所有晚上需要用到的傢伙！

現在回想起那時候，忍不住都還會有一種風光的感覺。

茶桌仔小弟很能打

一開始進去芳明館的人，輩分很低，都要從小小弟開始，做一些比較基層、簡單的工作。

之前有說過，並不是進了芳明館的人就能馬上變「搖擺」，所以大都得先有一段不拿錢、做白工的時間，大哥也才有辦法從小弟平常的態度、做事來看小弟夠不夠資格加入芳明館。

帶我的大哥叫作「細漢張」，他就交代說：「冬瓜，你現在就是幾點到幾點，坐在『茶桌仔』，有誰找誰就寫下來。」

茶桌仔不是現在公園老人在泡茶的地方，比較像是角頭的一個據點、聯絡處。比方說，電話來了，誰找誰，我就把它寫在黑板上。等大哥回來了，趕快跟大哥說，某某人幾點找你。就這樣，在茶桌仔顧整天，每天都這樣。

混也要有規矩

那段日子沒有正式的「薪水」，反正就是接接電話，不然就是買菸、買冰給大哥。其實小弟也不需要錢，因為我們要吃東西，就去找跟芳明館有合作的商家。其中有一家現在應該還有在經營，名叫「馬家莊」，那家店專門賣便當。小弟肚子餓了，就去那邊吃，吃飽了簽個名就好，大哥們每個月會去跟他們結算，再給店家錢。其他看是要吃檳榔啦、買菸、吃冰，都是用這樣月結的方式。

當然，不懂事的小弟或是自以為「大尾」的，也會跟商家白吃、白喝、不簽帳。這種事情通常會由當初帶那個小弟進來的老大來處理或是管教。如果事情太嚴重，或是商家直接告狀給最大的大哥，那「代誌就大條」了。我們館內開會的時候，那個白吃白喝的小弟就慘了！

那時候，芳明館還算是有一定的制度，被商家說欠多少錢時，大哥們會先還商家錢，把事情圓滿處理掉。但回到芳明館內，大哥就會在大家面前問說：「某某某，你是不是白吃白喝？」然後直接開扁，叫人在長椅凳上趴著，拿「鋤頭平」扁個五板、十板。這種通常打個三板就會昏了啦！下次包你不敢再亂欠錢！

這是義氣嗎？

當小弟的另外一個不定時的工作，就是打架！

偶爾我們會接到老大打電話回來說：「抄傢伙！」我們當然不會問原因，通常都是到最後才知道，可能是老大在舞廳跟別人意見不合吵起來，還是賭場的錢算不攏，或是在眾人面前吵架「漏氣」，這種事情就是要我們兄弟相挺。

很多人會說，這就是黑道的義氣。

你說這真的是義氣嗎？我連打誰、為什麼打，都不知道！那時候我打人只為了一件事情，就是在館內出人頭地。因為我知道，在這些打架場合中，出手狠一點、被看到了、打得有名氣了，很可能就會小弟變大尾！所以，打架的場合當然絕對少不了我，除了保護那些有繳錢的店家，其他都是去幫大哥出氣。

晚上的芳明館比起白天熱鬧好幾百倍，那就是大人的世界了！

龍蛇雜處，好像整個萬華區的兄弟都跑來這裡一樣！大哥們最愛去跳舞，像是當時的華都舞廳、第一舞廳、國際舞廳，大家晚上一起玩樂，不過那段時間還是沒有小弟我的份，連跟班都算不上。我們就是負責站在店家外，專門看那些來找碴的、發酒瘋的人，還有專門來白嫖的、砸店家的人。發現事情開始不對了，我們小弟的工作就是把他們痛打一頓，好維持那裡「生態的平衡」，至少讓他們不敢太囂張的搗亂。

查某間最熱鬧

台灣的角頭其實是很封閉的，不像是「外省掛」那麼開放，所以這些賭場裡的錢，其實就是在有錢的兄弟間這裡玩玩、那裡玩玩，內部流通、來來去去。最後贏錢的人就跑去妓女戶花掉，所以我們都說最賺的就是「查某間」。

我跟很多人說過，開查某間的都是「古意人」。古意人的意思不是說真正的老實人，而是說，會開「查某間」的，都是一般人而不是黑道。你看現在被抓到的帶團媽媽、太太，是角頭嗎？都不是！

不過，不管是誰，要在萬華開店，一定要跟我們角頭通知、拜碼頭，不然就別想要開店了！等到確定可以開了，就每個月固定繳保護費！公司會規定，不准兄弟們或是其他人去欺負他們。就算是小弟私底下去跟媽媽桑借錢，只要沒還錢，也一定會被大哥下令打一頓。甚至也曾經有小弟因為好幾次借錢不還被發現，被大哥請出芳明館，永遠不能再回來。

查某間沒有那種浪漫的故事

說到查某間，那時候晚上真的很熱鬧，我敢說比現在士林夜市的人還要多。那時的查某間，都會準備兩、三張公娼證，以方便臨檢。這些妓女都要定期去衛生所檢查，看有沒有染到什麼性病。

以前的妓女大部分都是父母賣掉的，而且印象中百分之八十好像都是原住民，賣一個女生可以拿到二、三十萬元，但如果要把她贖回去，要付出的可能是一百萬或是好幾倍的錢才有可能。我看過最年輕的才十五歲，這些女生被規定每天一定要接至少十支牌（一支牌一個人，通常一次十五～二十分鐘），接一個人收一百五十塊錢，她自己才賺五～十元，其他都被媽媽桑拿走。

「查某間」裡面的妓女也因為這樣，所以幾乎都是簽「終身約」的那種感覺，被綁死了、家人也絕對不可能拿得出那麼多錢來贖她。至少在我待的那段日子，現實世界裡沒有遇過，更沒有看過什麼有錢王仔舍會愛上她們，甚至來贖身的浪漫故事。

但是倒是曾經發生過，我的好兄弟愛上裡面的一個妓女，他趁著天快亮，偷偷把其中一個女生帶走。隔天一早，媽媽桑逼問那個女生的好姐妹，隨便一套話，就知道是哪個兄弟帶走的。媽媽桑當然又氣又鬧的跑去跟我們大哥投訴。其實那時候，我的好兄弟也不是真的要跟那個女生長相廝守，或是可以為了那個女生拋棄芳明館。他只是不知道哪根筋不對，就把她帶走了而已，所以大哥一叫小弟來問、逼他交出那個女生，很快的，兩個人就被帶回來。接著兩個人都被打得很慘很慘。

那個女生最後還是被媽媽桑叫人帶走了，我們也不知道那女生被帶到哪間查某間，以後再也沒見過了。

查某間戰役

查某間的巷子很窄，晚上人又很多，所以很容易有狀況。喝醉的啦、欺負人的啦，或是常常有警察來突襲檢查。店家也很聰明，會在門口前放很高很高的椅子，坐在上面的人會負責看管巷子的情況，好通風報信。有警察來了，他們會大喊：「阿珠來了！」警察離開，就喊：「呷麵！」這樣就非常方便。

有一次也因為這樣的地理環境，我們打了很勝利的一戰。那次是三重埔的兄弟，騎著二、三十台野郎125，叭叭叭的製造很吵的機車聲，繞進了芳明館，跟我們嗆聲說要帶某某查某走。他們不斷催油門、跟我們挑釁，當然喊完就走了。

那次之後，我們開始查到底是誰、究竟要帶誰走，甚至很快的，他們第二次要來的行徑也被問出來了。

芳明館當然不能輸，我們開始拆組，一班人拆五個出來，準備了很長的竹竿，藏在每一間查某間裡面（以前的查某間都是對門）。所有人都躲在門後面，有的人拿著竹竿，有的人抄著傢伙，這時坐在剛剛說的高椅子上的人，就負責發號施令、打暗號。

那些人利用天快亮的時間過來，無聲無息的，他們還以為大家都在睡覺，更囂張的將車子騎進查某間的巷子裡。坐在高處的人一看到他們轉進巷子，就給我們暗示，從門牌1號開始，所有的竹竿一起穿出來，包夾著摩托車，把它們全翻倒了。

之後傢伙拿出來，就對這些嗆聲的人開打！那次他們連反擊的機會都沒有，當然那時我們是沒有拿刀子啦！頂多拿棒球棍。打到他們快昏的時候，早就叫好救護車把他們載走。事情處理得一乾二淨，對方再也不敢來這裡說要帶走女人。

見怪不怪

查某間也會發生很多好笑的畫面，因為不是每個女生都是紅牌，你看到有的女生長得比較漂亮，她的門口大排長龍，常常都要「明天請早」。那些比較不好看的，外面一隻蒼蠅也沒有。

但是每個人都被規定要十支牌，所以即使是妓女，還是有「業績壓力」。那些不好看的，自己得去強拉客人，很多客人被這樣拉拉扯扯的，到後來都會跟妓女起衝突，甚至不高興、打起來的都有。或是有的客人「口味」很奇怪，特別愛孕婦。

真是什麼人都有，久了就見怪不怪了！

逞兇鬥狠，真義氣？

你問我，當時除了幫大哥打架、顧查某間外，我都在幹麼？

其實整天都在那邊，我也很無聊，所以我常常會自己找樂子。大哥們可以到賭場賭幾把，當小弟不行，但我自己找個地方當莊總可以吧！那時候我真的很皮，我看到了桂林路跟華西街街口那邊正在鋪路，就把磁鐵埋在下面，自己做一個記號。等路鋪平了，我就找幾個好朋友蹲在那裡假裝很有人氣的玩「十八豆仔」（當然是用特製的「豆仔」），等碗輪到我這裡時，剛好可以放在磁鐵上方。那邊的人都好賭，看到哪裡有「攤」，就會湊上前去看熱鬧。這樣馬上就會洗掉第一輪，等真正的玩家加入後，我很快就贏了很多錢，誰也沒發現。

不過說實話，如果是真正的老大們開的賭場，就不敢有人詐賭了，因為你敢詐賭，老大一定會讓你死得很難看！

努力打架往上爬

路邊賭博賭無聊了，我們還會自己製造事端，讓自己有事情做。像是晚上在顧查某間的時候，我們幾個兄弟會抓幾個看起來不順眼的人，刁難他、然後一起扁他一頓。

那個年代很多人穿日本木屐，在腳後跟下面裝上鐵片，走路時就會發出「ㄎㄧㄚ、ㄎㄧㄚ」的聲音。如果那一天我們兄弟其中有人心情不太好、想找人發洩情緒，就會把他擋下來，問他：「你走路幹麼一腳前一腳後？」你們想想看，誰走路不是一腳前一腳後？這種就是我們不講理嘛、耍流氓嘛！可憐的他不用講也知道，這種情況他大概會被打一頓，受傷了我們再幫他叫救護車。

這樣日子久了，我也開始決定必須找機會往上爬，不要再當小弟了，所以晚上有大小事發生的時候，我會努力表現打架的實力，好讓老大看到。

那時候晚上除了在外面顧查某間外，還會兼著顧「三六仔間」。只要是賭博的場子，常常都會有其他地方的角頭來，或有雜七雜八的人來鬧事。我比別人矮小，但是「保護」的方式卻比所有人都狠，打出名聲、被大哥賞識了，我就不會只顧茶桌仔了。

那時候每晚都期待有「好」事情，就這樣一路大大小小的打上來，什麼場面都打過，感覺什麼都不怕，甚至打傷人也沒有什麼罪惡感，連我現在的兩顆門牙，都是那時候被打掉的。

就這樣，我的狠、勇，被大哥看到了，我在芳明館也闖出名堂，漸漸可以有自己的薪水，做點自己想做的「生意」。

我現在哩迌迌

抽屜全是百元鈔

我們芳明館每週都會召開「館內大會」，大哥們會趁開會的時間表揚啦，或是討論薪水，甚至是有小弟出事情、被公審，都會在這個時間。

我記得有一天，老大們開會，突然把我叫上樓去跟我說：「冬瓜，你今天開始可以領薪水了，可以進入一組了。」

「大哥，謝謝！」我很大聲、開心的回答他。

那種突然被提拔的感覺，真的到現在，印象都還很深、很爽！本來每天坐在茶桌仔當小弟，幾乎沒什麼錢可以拿，現在正式編入一組後（同等級的有一組、二組），日薪就是從千元起跳，還可以開始正式進入「三六仔間」顧場；以前都是在外面顧門，現在可以走路有風的在場裡走動了。等到更大尾、老大更重視，就可以進入「十八拉場」，到那時候就可以同時領「三六仔間」、「十八拉場」的分紅。

我記得那時候每個月發兩次薪水，每次都可以領到五、六萬。我那時候的薪水都一疊、一疊的，全都是一百元，全部丟在抽屜裡面！

阿嬤沒再說什麼

自從加入芳明館後，我就幾乎很少回家，甚至也沒什麼見到阿嬤，我也沒跟阿嬤提說我現在在做什麼。一直到有一天好不容易回家，我阿嬤幫我洗褲子的時候，在口袋裡撈到一大疊鈔票，大概將近五千元。在民國六、七十年，這筆數目很大的，而且那時候我還那麼小，不到二十歲。她趕緊跑來問我：「你坦白跟阿嬤說錢從哪裡來？」

我嚇了一大跳，猶豫了五分鐘，決定不跟她說謊：「阿嬤，我現在哩迌迌。」

從那次之後，她就沒問我在做什麼，只是低著頭。我阿嬤很清楚，她在艋舺住那麼久，看很多在迌迌的孩子。她知道一旦走這條路，苦勸已經沒有用了，很難再回到一般人的正常生活了。

怎麼來怎麼去

加入一組後，每天的生活從以前的顧店，變成跳舞、賭博、跳舞、賭博，幾乎不用花什麼力氣，錢賺得很快、很多，但是也都在賭場中賠掉了。我常認為：錢喔，怎麼來就怎麼去。當時年輕不懂得多想，完全都沒有想過要存錢或買房子的事，錢全花光光了！如果我那時候把錢存下來，現在就可以混吃混喝了，或是隨便買幾棟台北的房子，現在不都是億萬富翁？

說實話，其實我自己在那時候幾乎花不到錢，因為當小弟也沒時間賭博。最開始那段時間，只要跟大哥走，錢怎麼輪得到我付？大哥都會請客！如果大哥賭博贏錢，還會心情爽、分紅！

不過，到後來，當自己有想法、想要做事情的時候，壓力就不一樣了。

開賭場、試能力

開始有錢後，我也想要自己開賭場，當賭頭、莊家。通常館內不會阻止兄弟開賭場，因為大哥也會想看看，這個新栽培起來的小弟能力到底在哪裡。大哥會先幫助小弟，試看看這個小弟的知名度、能力，成功不成功就代表小弟未來的地位。

互相捧場、開拓人脈

記得一開始，我跟大哥說，我想要弄賭場，當時我大哥「細漢張」就借了我五十萬。我一開張後，他就在旁邊看好戲，看看我會成功還是失敗。失敗了、沒錢還了、信用就壞了，打入冷宮後，在大哥面前也不會再被重視。但是只要是我想做的，我都會拚了命盡力去做好，所以我把賭場經營得很成功。這之後有其他外面的賭場打電話來請大哥去捧場，大哥就會直接叫我代替他去。所謂捧場，還有分有交情的、沒交情的。沒交情的，去充充人氣，這種「小捧場」頂多賠個五萬就走人。跟大哥比較有交情的朋友，就不會限制賠多少。這樣到處幫大哥捧場，時間久了，我的人脈就慢慢拓展開來。其他地方上的角頭或是兄弟們，也認識得越來越多，我在江湖上的社會地位已經不可同日而語了。

混黑道，真爽！

當地位比較高的時候，其實我也才十八歲吧！加入芳明館也才兩、三年，那時候已經可以跟著大哥享受，晚上去北投泡溫泉、唱那卡西，唱到隔天天亮，再直接去洗上海浴（上海式推拿）、香港浴。

那時候上海浴可是高等人的享受，洗完身體就會有人幫忙擦背、按摩、搥腳，泡澡的地方就像是三溫暖那樣，有點像是《艋舺》電影裡面其中一個場景，一起泡澡說外省掛多有制度那一段，那個感覺就有點像上海浴。

可想而知，一個不滿二十歲的「囝仔」就可以跟去那種地方，對我來說，混黑道是多棒、多奢侈的事情。那時一張上海浴的入門票就要六百元，如果還加上進去後的其他消費，一次千元跑不掉的。那時候我心裡只覺得，混芳明館真是對！連我們那些小弟的穿著在萬華這一帶，也是最囂張的，一件沒有三千元，我們不穿！穿爛的衣服，會「掉漆」、被笑，那時候看穿的衣服，就知道這是哪一家的小弟。我們一定都會穿那種絲質的襯衫，鞋子也是要義大利皮鞋，每個行頭都很講究的。

混黑道，是多麼風光、多麼爽的事啊！

沒有永遠的黑道

當初台灣的幫派組織架構，都是學日本的山口組，以前日本、台灣兩邊會互相交流，台灣這邊會派人去學日本組織的習氣，日本也會派人過來台灣。但是台灣的幫派，其實還是比較用所謂「各有一片天」的方式在經營，不像是日本或外省幫派那樣，用企業型態經營組織、拓展自己的勢力。

台灣的幫派比較衝動、墨守成規、不太跟其他地盤的人爭，把自己的顧好就好。所以，以前的幫派發生事情，刑事組很好解決事情，只要去找地區的老大就好。但是現在的三個人亂組一黨也是一個幫派，或是分會很多，壯大到無法控制，所以一發生事情，就很難管，整個已經亂掉、四散了。

風光不再

民國七十三、四年，我大概二十二、三歲，那時候有「一清專案」，我就被抓去關了。期間換了很多地方，台北監獄、台北看守所，一直到總統蔣經國先生過世、大赦後，我才出獄。

芳明館後期，錢多利益多，糾葛就多，終於出現史上第一宗小弟犯上的案子。雖然說我們裡面紀律算嚴謹，但是團體裡面總是有比較「反骨」的，尤其這裡有太多事情是跟錢有關的，慢慢就會有人「綁局骨仔」，設局把大哥「處理」掉。

離開獄中沒多久，我還是回到芳明館繼續混、繼續開賭場。一回到那裡，好像又可以回到往日的風光，當時我認識了第一個老婆，生了小孩。但其實我不在的這段期間，芳明館整個制度和景象早就不在了，這段期間我陷入了很大的人生低潮。

接下來，我的老大被打死，芳明館威風的時代，好像就這樣過去了、消失了！

染毒、失婚、低潮

我常覺得人生要認清楚自己，你才會知道未來可以怎麼走。那個時候我就是流氓嘛！甚至國中都不算有畢業，講真的沒有一技之長，過得很不如意，甚至還染上了毒品，也因為毒品跟第一任老婆離婚。

當初離婚，我還跟她爭奪養護小孩子的權利，我很堅持由我來帶，我只想到小時候我沒有父親在旁邊關心、照顧的孤單心情。但其實當時我還在吸毒，也沒多替小孩的環境著想，只是強迫我第一任老婆答應。她當然不同意，可是她怎麼可能爭得過我。我那時候遇到事情，解決的方式還是黑道的處理方式，所以我用了各種方式把小孩搶回來。

終於搶到手後才發現，我沒有工作、孩子跟著我很辛苦。那時候我每天帶著小孩住在三溫暖裡，雖然還是有以前的兄弟會幫忙，吃穿不愁，不過真的很狼狽，無所事事，每天就餵奶、換尿布。

直到有一天，我好像突然覺悟，心裡第一次有個聲音說：「我這樣下去要怎麼養活他？他要怎麼唸書？我不希望我的小孩未來也跟我一樣」。

所以，當下第一個念頭就是馬上戒毒，先回到正常人的生活。

吸毒簡單、戒毒難

吸毒很簡單，但是戒毒真的很困難，很多人會問：為什麼要吸毒？說一句坦白的啦！會去抽那種東西，通常就是那個人很失志，或是意志很消沉，不然就是過太好、沒有目標，不知道活著幹麼！要不就是因為好奇去抽。

不過我可以肯定，不管是什麼原因去抽，只要一碰毒，人生鐵定完蛋！因為吸毒的確可以讓你好像整天很有精神、有無限的想像能力，甚至心情一時會飄飄然，可以幻想自己是發片的歌手。

但你抽那種東西久了，你會發現每天醒來，根本沒辦法想別的事情。因為你心裡想的，就是去哪裡找那種東西？我該去哪裡找錢買藥？那個花費很大。而且，你也怕找不到藥頭可買！所以你可能傾家蕩產、浪費二十四小時。為了要拿到毒品，你什麼話都說得出來，變得很沒有人格，會去跪人家或是求人家給你。

吸久了，我打包票，你的腦袋絕對會有問題！

那時候，好在我有兒子。看到他，就讓我有動力努力戒毒。

當時還小的兒子，讓我的人生轉彎；
開店做葬儀，也讓我的人生走進另一個世界。

跟殯葬業結下不解之緣

我從來沒想過我往後的一、二十年要做的事情，會在我十八、九歲時就已經注定，而且還深深烙印在我的胸口。

在三十年前，刺青的人絕對都是兄弟。我有聽過因為十二個人結拜，所以一起刺了十二生肖，算是兄弟「鬥陣」的象徵。日本武士這種「紋身傳統」，感覺很「man」。台灣黑道刺青的文化，在我的猜想，應該就是傳承自日本武士。但其實我在當兄弟的時候，根本沒有想到要去刺青，因為印象中「金痛ㄟ」。

牛頭馬面，送終

我第一次的經驗就是在十九歲的時候，那一陣子因為在跑路（我跟朋友發生了很大的案子），每天沒事做，剛好朋友想去補刺青，反正我也無聊，就陪他去萬華找刺青店。我坐在那邊等他弄也很無聊，就很像女生都互相陪逛街，陪到後來自己買一大堆那樣。為了殺時間，我就叫那個師傅也幫我刺一下，師傅就問我：「你要刺什麼圖？」

那時候刺青大概都是刺龍刺鳳，或是傳承日本武士那種松竹、不動明王，聽說松山饒河夜市的某大哥就刺了鯉魚。我當時是沒什麼想法，我就跟師傅說：「隨便你刺什麼啦！」他隨口跟我提，覺得牛頭馬面不錯，我回他說：「但是那個叉子要兇一點，下面還要踏個小鬼，看起來卡厲害！」我完全沒想到，他真的把一對牛頭馬面給我刺上身，我看我是天下第一人吧！

這個圖比什麼都還兇神惡煞，但是卻在因緣際會下，代表了我後來做葬儀的象徵，就如同牛頭馬面一樣，我送往生者最後一程。

戒毒全靠意志力

真正會開始做葬儀，其實要從戒毒開始說起。那時候想到兒子的未來與生活，就帶給我力量。我自己希望從頹廢、人生的迷惘中，可以再看見新的未來，所以決心要戒毒。我心裡始終都認為，人有決心，戒什麼都是可能的。就這樣，我回到那個從來不回去的家——新莊，把自己關在一個房間內戒毒癮。

但是新莊跟芳明館距離太近了，我擔心自己受不了誘惑，計程車一坐，又回到萬華，這樣可能前面的努力又都白費了。所以沒多久，我就帶著兒子去找我阿舅。阿舅那裡有一間農舍，當時我很直接跟他說，我在戒毒。

吸毒很簡單，戒毒非常難。一開始很痛苦，會流鼻涕，眼淚也狂流，全身都很不舒服，所以我自己去買鎮定劑，自己打針。毒癮發作的時候，我就用安眠藥，不斷睡覺來幫自己戒毒。等戒完毒之後，我再戒掉使用安眠藥的習慣，這才算真正恢復正常。我很謝謝他讓我住那裡，我在那邊花了兩個月，戒了毒和安眠藥。

離開芳明館

我重生後，心裡想，我還要再回到芳明館，測試看看我會不會受誘惑。所以搭著車回到那裡，一下車就可以感覺到人事全非。看起來再也沒有以前那種繁榮、威風的感覺。幾個當時還認識的兄弟們，依舊在吸毒，照慣例還是會問：「冬瓜要不要一起？」我馬上回了他們三個字：「我不要！」他們覺得很不可思議，互相說著：「冬瓜改ㄚ吶」，話中帶有一點懷疑。我確定了自己的意志力後，那一刻就知道：「我真的決心要離開芳明館了！」

我的人生有很多的機運巧合，就在我擔心不知道自己可以做什麼的時候，我帶著孩子跑到中山區落腳，遇到以前認識的一個國大代表。他看我無所事事又要養小孩，所以好心叫我當他司機，每天上班就先把小孩暫放在服務處。就這樣，開了快一年的車，這個貴人剛好又開了一家「草山禮儀公司」，就把我調去做葬儀。

其實我對葬儀社一點都不了解，但他竟然叫我就去那邊坐著當經理看著就好。你說怎麼有這麼好的事，當然一定要答應他！我在那邊比當司機輕鬆多了，早上九點上班到五點下班，比起開車八點上班陪他應酬到半夜十二點多，還要接小孩，每天小孩都很晚才能回到家。現在早上上班，晚上我去幫他看看開的舞廳有沒有狀況就好。

不過這樣的好生活過沒多久，一年後那家葬儀社就倒了，開車的缺也被占走了，所以我又開始擔心沒工作。

人生的轉機

但這一年的禮儀公司經驗沒有白過，它開啟了我踏入這個行業的大門。這段時間的經歷，先讓我跟葬儀社、花店的人搏出感情、變成好朋友。當我失去工作時，我去找了其中一間叫「阿財花店」的老闆，問說需不需要幫忙。那老闆也對我很好，就暫時讓我在阿財待了下來。以前的殯葬業者都會在外面開花店，花店裡面才做葬儀社，所以阿財其實也是一家專門做葬儀的店。

在前一段草山的工作經歷只教我認識人，我根本沒學到做葬儀必須學會的技巧，現在到了阿財花店，我什麼都不懂，常常被裡面年紀比我小的「少年仔」罵來罵去。像是辦喪禮儀式，到現場支援時要貼字，我沒貼好、牌子沒排好，就會被他們幹譙，那時候旁邊的人都會跟我說：「他們連你冬瓜攏敢ㄘㄡˋ喔？」

當時我的脾氣還真好，雖然有時候會很想出拳，用以前流氓的方式去解決他們的嘴，不過我還是把這個兄弟性格給硬忍了下來。日子一天天慢慢過，還算是順利，不過我心裡很清楚，如果我想要給小孩更好的生活環境跟空間，那我一定要更努力打拚。

在這裡一個月兩萬多元，根本不夠小孩的教育與生活費，最後我跟阿財花店的老闆討論，決定乾脆自己出來開店，好好學習怎麼當老闆。

第二章

最後的心意

第一次碰到亡者的手

我最開始要開店時，阿財花店的朋友不但沒有刁難我，反而還很鼓勵我。但是，葬儀的店面非常不好找，因為根本沒有人想把自己的店租給葬儀公司！除了鄰居會罵、會抱怨外，想想自己的地要拿來放死掉的人，總覺得有點毛毛的。台灣人對這樣的事情還是有很大的禁忌，不過老天爺像是早就規劃好我的人生方向一樣，事情突然很順利，很快我就找到朋友，願意將他自己的店面分租給我。

花言草語

我的店一開始是在中原街，外面也跟當時開葬儀的店一樣假裝是花店，裡面做葬儀社（那時候的葬儀社大部分都是外省黑幫開的，搶地盤搶得很兇）。我記得店名叫作「花言草語」，開店的費用或者是當時的開銷，剛好是有個老大願意資助我。但是開始經營沒多久，老大就被抓去關，等於切斷了我的經濟來源，失去了所有的援助。我雖然有阿財花店的葬儀經驗，但也不過就是學會搭搭棚、支援現場、做小弟要做的事。我根本沒去過現場「收往生者」，現在竟然要自己開葬儀社，要去哪裡接案子，都是很大問題！

不過，一想到未來的生活，我就沒有時間想太多，反正就硬著頭皮去做！如果有人介紹案子，我就騎個50 C.C.的小綿羊，去處理所有的大小事情。有時候身上綁著桌子、前面放著庫銀、摩托車把手吊著各式各樣治喪要用的東西，就這樣騎著小綿羊到處跑。

那時候覺得，或許跟警局熟一點，有什麼現場事故發生時，我就可以比較早知道。所以那時候，我幾乎每天往派出所跑，去認識人、搏感情。直到有一天派出所打了第一通電話來店裡說：「冬瓜，有意外現場，你去收收咧！」那次算是踏出我意外現場的第一步。

永生難忘的溫度

第一個現場我永遠記得，那是一個因為打毒品而死在浴室裡的人。當時我有一個合夥人叫阿發仔，我一接到派出所的消息，說要到一江街，就跟他約好各自騎摩托車出發過去。

我一到現場，馬上衝上樓去，然後才發現，阿發仔竟然沒有來！心裡忍不住大罵：「靠，×××這個俗仔。」

不過，人都到了，也只好硬著頭皮進去。到現場後，我很「矬」的站在門邊，現場刑事組的就轉頭問說：「誰叫你來的？」

「派出所叫我來的。」

「好，你去找一下他的證件，拿給我！」

我心裡頭想：慘了，挫賽，我哪知道去哪裡拿證件。

我問刑事組說：「去哪裡找？」

他說：「你就去他的口袋找找看啊！」

雖然我以前常常打打殺殺，看過很多大大小小的場面，但是那一次一走進去，感覺完全不一樣！

我一摸到那個遺體，就嚇了一大跳，以前完全不知道死人的溫度是這麼冷，觸感又濕濕的。我自己一個人蹲在死者旁，東找西翻，一摸到皮夾，就趕快拿給刑事組。他邊看皮夾，邊順手拿出相機給我。

「你去拍一拍現場的狀況。」他說。

我開始有點慌，拍什麼啦？誰知道要拍哪裡？

我憨憨的站在那裡，他才發覺說：「ㄟ！你第一次來喔？你嘛金好膽，沒做過你嘛敢來！」

接下來，他才教我怎麼拍，要怎麼拍全部的現場，哪些絕對不能遺漏，像是一定要拍施打毒品致死的針頭……等。就這樣，我從第一次的現場，開始學習每個小環節。

第一筆收入

跟死亡這麼接近的第一次經驗，印象實在太深刻了啦！回到家，腦子裡一直在想那天下午房子裡的畫面，安吶睏嚜睏不去。當時只是怕，會皮皮挫，現場的每個影像都一直不斷的重演，但卻給我很好的開始。

收意外現場是這樣，通知家屬來認之後，一般是會問家屬要不要由我們幫他們做葬儀的工作。如果對方已經有屬意的公司，那我們也就只能摸摸鼻子回去。不過，總是比什麼都不做好。所以我開始跑意外現場，希望可以有多點工作機會。

這次這個往生者沒有家屬，只有女朋友，所以我們找來了女友，確定給我們做之後，開始討論她想要用什麼方式幫往生者做告別式。討論了許久，也幫她將儀式都辦得圓圓滿滿後，他女友竟然跑了，什麼錢也沒付！

我想：靠，該不會那麼衰吧？第一次就遇到落跑的！

不過那次我很幸運，因為那個死者剛好是個道上的兄弟，我們本來就想慢慢找，看可不可能找到他的家人或是親戚，最後竟找到他的大哥。大哥很阿莎力的問我花了多少，現場就直接給我現金。

雙手拿到自己辛辛苦苦賺來的錢，心裡頭有非常踏實的感覺！這也讓我決心要繼續在這個行業走下去。往後我都是靠這樣的意外現場去學習，這些案例與技巧和其他葬儀社會碰到的案例不太一樣，但卻漸漸累積了我的經驗。

屍臭練就好鼻師

收意外現場的過程很有成就感，也是在幫助往生者，所以我繼續硬著頭皮做下去。過了第二次、第三次，到了第四次，竟然還給我遇到非常惡臭的現場！那種臭是得用頭皮發麻來形容！到現場聞到味道，我還跟刑事組說：「長官，我去叫我的工人過來。」

他說：「ㄟ冬瓜，你沒學怎麼收，以後怎麼做現場啊！」

被他一講，我馬上被點醒，怎麼樣都得硬著頭皮才對。

不過，那真的是個永生難忘的印象，而且之後接連幾次都是在這樣戰戰兢兢的狀況下完成。

現在喔，你問我怕不怕，我真的沒特別的感覺了啦！做十幾年了，什麼場面跟死狀沒看過？我只覺得，那就是工作！替他們走完在人世間的最後一段路，如果還遇到他殺現場的，就盡力保留完整命案現場的跡證，學習這些才是我的工作專業。

我現在不但已經習慣，還練就了一身「好鼻師」，光聞到味道，就差不多可以判別死者大概是因為什麼原因死亡，甚至知道已經死亡多久。通常味道如果太過惡臭，一定是他喝了什麼，像是喝農藥自殺的人，因為久了藥物會和身體產生化學變化，一定會腐蝕、產生惡臭啦等等！

如果是跟幾個比較熟的刑警，我們還會互相問對方：「你猜這（死亡）多久了？」

殯葬學問大

殯葬在台灣可以細分成殯跟葬，一般說到「殯」，就是我們做的事情，像是助念、辦告別式等。「葬」就是屬於山上土葬的工作，或是進靈骨塔、植存等。不過，現在的殯葬業者不會分那麼細，通常全都包辦啦，什麼都可以幫忙辦到好，不用讓家屬東奔西跑，的確省去很多麻煩。但也因為這樣，所以中間有很多不法的抽成可以抽！

這事情晚一點再提，我們先來講一下一般殯葬業者做的事情。

殯葬業者應該像導演

葬儀工作的過程中，我自己覺得最重要的有三件事情，首先學會與家屬溝通，並義務告知家屬，辦告別式與入殮或是入塔內，這過程中所需要的花費。確認細節後，依照家屬的宗教信仰，再談是否需要有師父或是誰來送往生者最後一程，這之中絕對要建立家屬對我們的信任，此外也需要主動關心家屬、解決疑問，讓家屬可以少一點操煩。最後，才是我很自豪的，舉辦告別式。

在我曾經經手過的許多告別式中，首要的目標就是希望能讓參加的人印象深刻，且讓生者對往生者有無限的懷念。捨棄掉哭哭啼啼，依照往生者的喜愛去作編排，就像一個導演一樣，你要選擇場景、音樂，讓這齣戲完美的落幕。

我常常教育我的員工說：「你要去想家屬要什麼，不要給制式的東西，我冬瓜的店和其他人不同的地方是，你要有多一點創意和溫暖。既然要在這裡跟我學習，那你就要學到替家屬做個性化的服務。」

每場告別式都不同

我記得有一次的告別式，在和家屬溝通的過程中，了解那位往生者生前很喜歡貓頭鷹。所以告別式的現場，我用很多貓頭鷹作會場布置，讓貓頭鷹一隻一隻站在旁邊環繞。流程中沒有提供公祭的儀式，告別的過程則用音樂串起影片，主角講話的聲音一出場，所有親朋好友哭成一片。

這樣比起單純公祭的方式，更容易讓在世的人回想到他生前的好，但是又不會像一般的形式那樣哭得很哀傷，大家可以互相聊聊他的過去。家屬最後跑來跟我說：「謝謝冬瓜，告別式辦得讓我們很滿意」。

還有另外一次是一家大型企業主家屬的告別式，和剛剛說的那次不一樣，是因為牽扯的人跟舉辦的規模都不相同，但也同樣讓我辦得相當有成就感。情況是這樣，某天我的朋友跟那間企業的大老闆推薦我，在這個朋友的大力舉薦下，這個老闆也就撥了電話來，希望我去承辦。說真的，以我們公司的小規模，根本沒辦法去承接這個案子。

「董仔，我員工才六個人」，我在電話裡實話實說：「拍謝啦！這種大型的告別式會需要很多人力幫忙，我的員工人數沒有那麼多，可能沒辦法，我可以推薦比較有規模的殯葬業者。」

當然這位董仔也接受了，所以隔天我就約了另外一家業者去認識這個企業主。介紹雙方認識後，我打打招呼就離開，騎上我的摩托車準備回公司。騎到一半又接到電話，董仔說：「對方太麻煩了啦，不管啦，就你冬瓜處理好就好了啦！你說缺人，你要多少人，我都出給你，三天後開治喪委員會，你主持。」

我一聽就開始緊張了，還要開什麼治喪委員會咧，這種事情人家都開口了，我冬瓜也不能拒絕，一定要接下來。當然三天很快就到了，到了現場，一開門，會議室有夠大的，裡面是一張橢圓形會議桌！

董仔一個一個介紹說：「這是那個誰誰誰總經理、某某某董事……」，順便也跟大家介紹：「這個是主持治喪委員會的郭先生」。

我馬上把董仔拉到旁邊說：「董仔你怎麼會叫這些人，我要ㄟ是作工的，那天需要做招待、裝布棚的工人，不是這樣的人啦！」

他才說：「你嘛卡早共ㄟ，我以為你就只是要找人幫忙。」

接下來的幾次，我都必須要到這樣大型的會議室做簡報、跟大家開會，想了很多告別式的方式與當天的布置和流程。到了告別式當天，場面相當大，我記得有幾千人，但動線和流程可以將千人放在同一個空間而不混亂，感傷同時也很隆重，每個細節都是董仔要的。這麼多人需要公祭，我就一次一排十個人、十個人的快速鞠躬，讓每個來的人都可以致意。

事後，董仔跟我結算費用時問我：「冬瓜，這次要多少給你？」我跟他說了價格後，老闆竟然還說：「冬瓜你不要賠錢！你這樣有賺錢嗎？」這不是錢多寡的問題，而是我辦得非常非常的圓滿，讓老闆有了面子和裡子。告別式的目的，就是要撫慰在世家屬的心靈。如果說太流於形式，或是家屬不滿意、流程不順暢，那辦起來就會失去真正舉辦的必要性。

風光好，簡單也很好

當然在我辦過的那麼多場告別式中，也有那種一開始要做的，跟最後完全不一樣的，把我們搞得很忙、很亂、很辛苦！

會發生那種變數很大的案件，通常都是因為家屬們沒有共識。可能大哥想要這麼做、小妹想要那樣弄，預算比例也不確定。一開始說希望辦個十萬元以下的告別式，但中間可能其他人有不同的想法，像是想用比較好的骨灰罈，那價格就可以差很大了！或是他想要放在哪個地方、什麼位置，告別式想要怎樣等。意見一直在改變，案子可以從十萬的花費最後變成一百多萬元的，這種事情也曾經發生過。

一直改變會讓我們做得很辛苦，因為一安排下去，想法如果又改變，就會打亂原先的計劃。不過這樣的事情，我也很清楚，我們一定要體諒家屬的心情。殯葬業者要做到的，就是讓家屬滿意，因為這時候，最難過的絕對是家屬。

每個人都有情緒，溝通的過程也可能會爆發爭吵，所以我都會請這些在世的家屬，花一段時間靜下心來，好好的討論、衡量現實的狀況。因為一定有些人想要替往生者辦個風風光光的告別式，也會有人希望簡簡單單、不要打擾往生者。

哪樣都很好，只要討論好、要怎麼改，我們一定會協助！因為喪葬的學問不在於選擇哪些高級的材料或器具。最寶貴的，是專業的輔導與溝通，以及有一顆送往生者最後一程的心。

收大體也要看地盤?

在做這行時，剛開始只是很單純想要給小孩好的生活，況且我也做出興趣與成就感。那時候公司開在民權東路二段的巷子裡，所以我心裡想的是：我就把中山區這一帶管好、做好，就好了！

淺眠勤跑收現場

那時候我完全沒想到「搶地盤」這三個字！可是說實話，原本中山區這個區塊就已經有人在做，現在又加上我，整個地區就被瓜分了。我又那麼勤勞的每天跑分局，或是積極去認識人，所以那段時間，幾乎中山區的意外現場都是我去做。

其實那不是因為人家特別通報我，而是因為我跑得最多、最勤，甚至非常淺眠。我跟幾個員工專門聽無線電發出來的聲音，我一聽就能辨認發生大事或小事，有時我本來躺著在睡覺，一聽到無線電傳來的幾句話，就馬上彈起來穿外套，騎著摩托車趕去現場。這樣勤奮的方式，讓我樹立了敵人，但我自己卻不知道。

當時中山區的死亡率很高，所以很多做葬儀的人都覺得這裡是個「肥缺」。每次其他家葬儀到現場，總是晚我幾步，就這樣，他們收現場這一塊生意突然沒了，心裡產生不平衡，那些人就開始想辦法設局。

大批人馬對我開扁

衝突爆發在一次的意外現場，我和對方都接到消息，我到達現場後，並沒有看到發生意外的人，反而是看到二、三十個抄著傢伙的兄弟，二話不說對我開扁。他們打到讓我在醫院住了好幾天，縫了好幾針，這口氣你覺得我吞得下去嗎？而且我以前還是那種動不動就打的兄弟個性，我真的嚥不下去，心裡想：我是誰！冬瓜ㄟ！呼你打假的，打到送馬偕！

警察分局的人都知道我的背景，所以那陣子他們也很緊張，不曉得接下來會有什麼事情發生。

被送到醫院的同時，我以前的小弟、「老戰友」都來醫院看我，很生氣的問我說：「大ㄟ，這件事情怎麼處理，就等你發號施令。」

那時候我下定決心：恁爸就是要跟你拚了！

我休養幾天後回到家，我太太說：「你今天要是又拿刀，找你的兄弟去跟別人拚命、去報仇，就表示從今天起，你又要走回頭路，要回到以前讓人提心吊膽的生活。那我一定會離開你！你要先想想，為了工作和生活，你花了多少年的努力，花了多少力氣在經營？你都願意在工作上做牛做馬了，這件事情你卻忍不下來？」

我理性又勇敢的太太

我老婆在講這段話之前其實早就知道，以我的個性，我是一定會找機會報仇的，她也知道對方怎樣都不可能道歉。這件事情如果兩邊僵持不下，情況會越來越糟糕，時間一久會醞釀更多不滿的情緒，雙方一定會打起來。

而她，一個原本跟這個混亂的世界完全無關的單純女生，竟然跑去跟對方談判，問對方是不是可以答應以後井水不犯河水，我們互相給對方生存空間，讓大家都有一口飯可以吃。

她這樣的舉動給我很大的影響，也讓我很感動，所以這件事情就這樣忍下來了。不然，這件事情原先鬧得很大，對方怕我反撲，還找了議員登上頭版頭，說我濫用黑道勢力，希望可以將我提報流氓管訓。還好當時有我老婆的幫忙和說教，讓我及時煞住了。今天想一想，要是我走回頭路，我現在又會在哪裡、在幹麼？會不會又在某個地方醉生夢死，或是被抓進去關？

這之後對方跟我算是定下不成文規矩，現場誰先到，就是誰的生意。我也了解不能斷了人家的財路，至少一塊餅大家都吃得到，那就一次他去，下次我去，用這種方式來平衡生意。

你不用靠交陪或應酬來做葬儀

我的人生一直不斷有貴人幫助我。當我想要學好，不知道找什麼工作時，剛好有國大代表給我一條生路，讓我當司機。我想開葬儀時，也剛好有人願意把房子租給我。就這樣，我每次一走到絕路的時候，都剛好有人拉我一把。我很感謝一生當中有這麼多人在我處在困境時，伸出援手。

但將我心境和脾氣徹底改變，讓我能夠以做葬儀這份工作，走到今天小有成就的背後功臣，卻是我老婆。

兩個不同世界的人

這十幾年的不離不棄，她一心只想打造一個全新的、不一樣的我。她常說：

「你就是一個流氓，大家看你也是流氓，做事的方式也是要打要殺。從現在開始，我要慢慢教育你、引導你。」

每次我跟她吵架，心裡都會很不服氣，從小到大誰管過我，她敢這樣大小聲？不過她就像是我的剋星一樣，就算心裡生氣，但我還是對她所說的話感到認同。常聽到一個成功男人的背後，一定有一位很偉大的女性，確實，我就是其中一個。

我老婆，並不是我兒子的親生母親。我和她會認識，也是上天特別安排的。跟她第一次相遇，就像是命中注定，冥冥之中就是要讓我認識這個人一樣。她是我做葬儀時遇到的一個家屬，和她碰面的那一天，我很忙也很累，忙到幾乎沒睡覺，所以原本並沒有要處理她家人的喪事。他們家也有自己認識的葬儀社，所以我只幫忙做亡者的縫補工作，跟她拿了基本的費用後，我就回家休息了。正準備要躺上床，電話就打來了，她說她還是希望由我們幫她家人處理喪事。那次我連睡都沒睡，就又跑回店裡，跟她討論後續的事情。就這樣，她看我做事情很認真，而在這段時間的相處中，我也漸漸被她溫柔甜蜜蜜的感情融化了。我都說，就是因為這樣一相處，所以就被她騙騙去了！

我們兩個是在不同世界長大的人，就連思考方式和邏輯也不一樣，她是朝九晚五的上班族，我是二十四小時做事的工作狂，這樣的兩個人遇在一起，不吵架才怪！剛跟我在一起時，她就常常覺得生活很沒有品質，半夜出勤就不說了，有時我跟她約吃飯，家屬一找我，我要不就臨時取消約會，要不就是火鍋吃一半，人就不見了，這樣的情況多到數不清！久了，她其實也能理解、體諒，這就是我的工作。

超火爆爭吵讓我戒掉壞習性

但是也有些事情她怎麼樣都無法接受，像「喝、賭、玩樂」，她就沒辦法理解。所以，我們經過很多次爭執，她也經常勸我、慢慢的修正我。首先，她先戒掉我打麻將的習慣，她在我旁邊唸說：「你有時間打麻將，沒時間陪我，如果你那麼愛打麻將，我倒還希望你去上班，賭博有什麼用？」她不但對我唸，還會當著眾人的面前唸，後來我自己也會反省：「算了啦，乾脆不要去賭了啦！她這樣勸我也是對的，我幹麼要浪費這麼多時間在牌桌上？」其實她這樣好好跟我講，我什麼都可以聽得進去。

不過，我們還是經常爆發很衝突的場面，像是她很在意我去舞廳應酬。從出社會、進芳明館後，我都是用這樣的方式談生意，不去這樣的場所，我還不會談！我認為談生意就是要「交陪」，帶客戶、員工去喝酒、跳舞嘛！那個時候誰不是這麼做？但我老婆一次、兩次忍下來，最後終於還是爆發了！

那次她電話一打過來就問：「你在哪裡？」

我說：「跳舞啦！」

「我限你五分鐘離開那裡！」

哈！我心裡忍不住想笑，才不理她！過沒多久，她竟然跑來舞廳，當眾給我難堪，要我馬上回去。情況當然有點僵持不下，但我也只好乖乖的一起回去！ㄟ！那時候心裡頭哪會服氣，回到家一定跟她吵的啊！

她很站得住腳的告訴我：「如果你告訴我，當一個男人要靠吃吃喝喝這種交際應酬才能夠成就事業，我可以跟你說，你真的不用這麼做！不需要，我也不想要。而且你有幾個事業要做，需要這樣應酬？」

那次之後，我幾乎不再去舞廳了！

之後當然還包括戒酒，以前朋友只要打一通電話說：「ㄟ！冬瓜，我們在喝酒，你嘛來一下。」一樣的觀念嘛！生意交陪嘛！一定要這樣，在所難免！但是為了避免再跟她吵架，讓生活過得很痛苦，我就不去了啦！

妳怎麼能對我那麼好？

活到現在，仔細想想她的話，事實都證明她是對的，假設我冬瓜還是跟以前一樣，做事大概沒辦法那麼心安理得！現在的我，很腳踏實地，自己做得很開心，也很有成就感。沒有交陪，生活也變得單純很多。不過，要到相處十年後才看到對方當初苦口婆心的好，中間是經過好幾次「世界大戰」的。

我記得有一次真的吵到煩，想說不然就分開好了。那時候剛好遇上娜莉強颱，我家裡整個淹水，包含地下室、一樓的家具，全都泡在汙水裡。可是即使颱風狂掃，我公司也不可能因為這樣就休息啊！我還是需要每天上班工作，所以那個星期，家裡就剩她一個人慢慢整理全部的汙泥。

有一次我下班回家，看到她自己坐在門口清洗家裡的東西，她一個人這樣清理了三、四天。我眼睛裡突然一陣酸，非常感動的想：「怎麼會有一個女生可以這麼任勞任怨，為我們兩個人的家付出那麼多？我冬瓜哪來這樣大的福氣。」

從那次之後，我再也沒有出現過要跟她分開的念頭。我都會說「要聽某嘴」，乖乖聽她話。

人生最大的貴人是太太

你不知道買房子要錢嗎？

我最初在做葬儀時，因為店面還是用租的，所以常被趕來趕去。後來一個好朋友華哥剛好也有店面在出租，就把店租給我。過了一陣子，一個老師建議我要有自己的店面，我去找華哥商量，問他我能不能把那間店買下來。

華哥說：「我租你那麼便宜又不收押金，而且也不會趕你，你幹麼要買？」但我想想還是覺得買比較好，所以就硬拗他要賣我。他拗不過我，只好讓我自己開價。我就說：「那九百萬！」

華哥說：「你嘛有良心一點哩！我弟才剛賣隔壁的店面，賣了一千三百萬！你給我開這個價！」

可是一千多萬還是太多了！我只好ㄋㄞ華哥，最後他答應讓我用一千萬買到那間店面。代書來找我簽字時，問我：「訂金呢？」我才嚇一跳，買房子要訂金喔！代書說：「你不知道買房子要錢喔？」

我哪會知道！之前買住家的事情都是我老婆辦的！那間房子早就把我的錢花光了，我手上根本沒有錢付什麼訂金！結果我只好再回去找華哥商量，開十張十萬的票當訂金，而且還含當時的租金！現在想想自己還真過分！而就這樣把房子賣給我的華哥，真是我人生的第二大貴人。

床頭吵、床尾合

但我最大的貴人，還是我老婆。

因為工作的關係，我幾乎沒帶老婆離開台灣出國玩過，只有偶爾帶她在台北逛一逛。做葬儀的我，實在很沒有情調。我跟她出門，每條路、每扇窗，我都可以跟她說：這裡曾經發生過什麼命案、誰被用什麼東西殺害、誰在這裡怎麼自殺。

我老婆常常抱怨我沒情趣、職業病。但是我們很喜歡當那種鬥嘴吵架的夫妻，越吵感情越好。我們一吵架就分開睡覺，我自己睡公司，過幾天就又和好，簡直就是人家說的「床頭吵、床尾合」。

我們結婚十幾年，中間分分合合很多次。說起來還真巧合，我們結婚四次，離婚三次（從第一次開始，我們都只有登記，沒有宴客），戶政事務所登記的人，都是四號櫃檯的人。你可以想像那有多尷尬嘛！直到我老婆在二〇一〇年年尾過世時，我到那裡去辦手續，竟然還是四號櫃檯，他開我玩笑說：「大哥，麥鬧喔！還要離婚喔？」

那時我才對他說：「不會了啦，以後沒機會吵架了！」

這次會出版這本書也是在我老婆的鼓勵下，才會進行，不然在她離開人世後，我幾乎什麼也不想做，突然沒有了動力。我記得她跟我說：「這很好啊，你就把你知道的、想告訴讀者的事情，都說清楚。」

她不管在什麼時候總是替我想，這麼關心我未來的發展，說真的，她才是我人生中最大的貴人。

陪她最後一程

我老婆發現自己身體狀況不是太好的時候，就決定不做任何放射性治療。不管誰勸她，她就是不答應。一直到癌症末期，我幾乎只要一有空，就到醫院陪她。

那段日子是我這輩子最痛苦、最難熬的時間，她讓我體會到那種家屬面對家人離開的不安跟未知，還有自己即將承受的孤獨。我可以用的字很少，甚至沒辦法形容這種心痛和難過。眼睜睜看著自己很愛的親人身體不舒服、生命不停的流逝，卻怎樣也無法幫她承擔。後期她的情緒起伏很大，也常常會不斷抱怨事情，那時醫生就提醒我：「冬瓜，你要多多擔待！她身體不舒服，所以脾氣會比較大一點。」

我知道，這段路會是最困難的！但我希望她可以在解脫人世苦痛時，以最舒服、最安詳的方式離開。所以我預約了好一陣子的安寧病房，讓她可以用比較舒緩、不疼痛的方式，一點一滴的走完這一輩子。

沒有告別式的告別

我老婆說的話、做的事，常常會帶給我很多省思。她除了是一個低調的人，喜歡在我背後默默幫我、教我外，這次連她離開世間也都留下了伏筆，讓我去想她為什麼要這樣做。她很了解我，知道我會給往生者最大的尊重，而且一定會貫徹往生者的意志。所以，她交代我：「我往生後就可以火化了，不辦告別式，我已經選擇一片美麗的地方，而且我要植存。」

大家想想，這對一個殯葬業者是多麼奇怪的事情！我自己本身就是做葬儀的，我曾說我很自豪自己主辦的告別式，再說我的朋友來自各方，有多少人在得知消息後，都陸續來詢問我公祭的時間。但她卻只給我一個方式：火化、不辦告別。

我想了好久，終於知道她心裡的用意。我朋友多，裡面有很多長輩，要請長輩來跟她鞠躬，還要讓各方朋友從各地跑來，她也不好意思。我們結婚都沒有鋪張請客了，她就是一個這麼低調的人，希望選擇最簡單的方式！

記得在她身體還沒發現有狀況時，我們兩個就常常互相問對方，假設以後誰離開了，要怎麼請師父來誦經。她回答我說：「拜託你！我在這邊都聽十幾年，我都會背了，還需要誰來念給我聽嗎？」所以，她走後沒多久，我就照她的意願火化，也沒發訃文，一切就照她的方式去做。

謝謝妳，老婆！

以前我總是很草率的處理感情，總覺得不需要用心去經營什麼。一直到遇到她之後，我才慢慢的改變，不管是心境或是處世的態度，甚至也更修身養性了。很多認識的朋友常常看到我們吵吵鬧鬧，他們都說：「你們倆就是相欠債，債還完就好了啦！」

但我心裡想說的是：我老婆她是來報恩的，我們吵鬧十幾年，她總算功德圓滿，把我調教成正正當當的人。她永遠最支持我，最關心我。

我這輩子謝謝妳了，老婆！

殯葬業就是服務業

我真的很相信因果，很多事情冥冥之中早就注定，一個人種下什麼因，就會得到什麼果。

當初我只是想要從假裝是花店的「花言草語」，轉做真正的葬儀社，所以另外取一個比較符合的店名。我把店名改成了「菩提心」，但那時候根本不知道這三個字是什麼意思。等這個名字取了之後，沒多久，很多事情就開始改變，連我的心念都跟著轉變。心念轉變後，我做葬儀社，也開始做得有聲有色。

行善不是交易

一開始大家看我作生意，都覺得「黑道ㄟ，能做出什麼好成績」？對我自己來說，我經歷過太多風風雨雨，什麼樣的事情我冬瓜沒見過？我幹過殘暴的幫派行為，現在卻在幫人家收屍做善事。因果循環，老天爺關了我一邊的門，又開了另一邊的門，也讓我遇到我第二個太太、磨我的個性，教我很多事情。

從殯葬的過程中，我學會怎麼樣為生命做服務業、怎麼存善心。看到需要幫助的人，我用我的專業去幫忙，或是到意外現場幫人家收大體，也學習幫警察尋找兇嫌的破案證據。這些都是我在做葬儀前沒想過的。甚至到現在，大家認識我不是因為我冬瓜是黑道，而是我種下的這幾年因，得到的果，大家認識到的我，是專業的殯葬業者。現在，我很清楚我做的其實是服務業！

做善事絕對不要奢望別人會有什麼回報給你，甚至出發點錯誤，那件善事就不是善事，而是一種交易。像有些人捐棺木，他們捐的出發點是因為想積福德、發大財，你想這怎麼可能？你問我為什麼會對做好事這麼著迷，我要先說在前頭，我冬瓜不是做慈善機構。來我公司辦葬儀，我還是要收錢。也別說我冬瓜做生意不要賺錢，該賺的還是要賺啊！

但是，人生總會有些不如意，有些人連辦喪事、買棺木的錢都沒有，想要幫自己最親密的家人入土為安都難。像這個時候，就是我來幫忙他們，就這麼簡單！

我的另外一項原則就是，不強求。

有些人會為了搶生意，搶到頭破血流。為了自己的工作拚命，我可以了解，但是這樣搶，我很有意見。案子會到誰的身上，冥冥之中絕對會有定數。很多事情不需要強求，該是你得的，就一定會讓你得；不是你的卻強求，絕對不會有好後果。從來我就不太會去搶什麼，得失心沒那麼重，但是發現很多事情就是這樣三轉四轉，又跑來我這裡了。所以才說，為善出發點要正確、萬事不用強求。

那雙溫暖的手，錢買不到

我記得有一對夫婦，他們的家人往生了，但是因為往生者不是低收入戶（反倒是這對夫婦是低收入戶），所以無法申請補助。當時那對夫婦找到一家葬儀社，事情可能沒有溝通清楚，對方幫他們將往生者的遺體收回來後，就直接送到殯儀館。對方收了他們僅有的兩萬元，就離開現場了。其他相關的後事，都需要額外付錢，兩夫婦當場也傻住了，在現場一直哭。

我那天剛好過去辦事情，櫃檯的人一看到我就說：「冬瓜大仔，你過去安慰了解一下狀況啦，他們這樣哭也不好！」

我過去問了一下實際情況，聽著聽著就覺得他們實在太可憐了，而且我最怕有人在我面前一直哭。我自己就突然跟他們說：「好啦，好啦，麥擱哭，我幫你們處理啦，沒關係！」

辦喪事需要花多少錢？當然可以很多，也可以簡單辦。沒錢有沒錢的作法，不要拘泥儀式，或是減掉特殊要求，其實花不到多少錢。剛好那時候靈骨塔也不用錢，我就幫他們將這件事情圓滿辦完，讓兩夫婦放下心中的大石頭。

這件事情過後，我也沒再想了。一年後，那對夫婦到警察分局找我，剛好被記者王瑞德碰到，他當場打電話給我說：「有人找你，快來。」我騎車趕到的時候，看到那對夫婦，他們手裡帶了一串香蕉，一走上前，眼淚就流了下來，很激動的對我點頭，嘴裡一直說：「謝謝你。」

你們知道嗎？這是我冬瓜第一次感受到那種用錢也買不到的快樂，講粗魯一點，我覺得很爽！家屬用溫暖的雙手握著我，我還會管他們能回饋我什麼嗎？我感受到的是遠比他們拿錢給我還更大的開心和成就感。那次我就知道，原來幫助別人可以帶給自己那麼大的幸福和快樂。

請你們安息吧！

還有一次令人感到非常難過的自殺案件，是發生在南港的一家五口。這次接到消息，是一位婦人帶著兩個長期失業的兒子跳河，而這婦人的老公在幾個月前，已經帶著他們的女兒先自殺。家中四個月內，有五個人離開人間，只剩下最小的兒子。婦人還留下了遺書，內容是說她因為受不了經濟壓力等原因，希望誰能替她照顧這個唯一的兒子。

一開始當我們接到通報，以為只有一具浮屍，所以先請我的員工趕過去。過沒多久，員工打電話回來說：「大哥，還有兩、三具在浮哩！」

哪有可能啊？我心想，但當然還是趕緊騎著車過去。一到現場，真的是媽媽帶了兩個孩子一起跳，令人很心酸！死者的舅舅也在那邊，一看到我，馬上雙手一攤說：「ㄟ我們沒錢喔！」

說實話，做這麼久，很少會有家屬在現場說這種話，通常他們會說：「我們已經找了別家」或是「我們會自己找別家做」，但是還沒遇過直接這麼講的。我想應該是發生過什麼事情，仔細問了一下，原來當初婦人的老公自殺的時候，接到很多善心的捐款，結果被一家葬儀社全部花光光。這次換這個婦人帶她的兒子跳河，也是因為沒錢。那時候一聽到，我當場就跟往生者的舅舅說：「沒錢沒關係，這讓我來處理就好了。」

既然我話都講出口，就一定要做到，除了安葬這次的往生者外，我還把之前婦人的老公以及女兒遷葬在同一個地方，讓他們可以一起安息。

殯葬不該是賺黑心錢的地方

我做這些事情可以得到什麼呢？實際的收穫是沒有！因為到現場不就是希望要

有生意？結果不但沒有，還得自己掏腰包花錢做。不過，我說過，我是真心希望可以幫助需要幫助的人。你也可以說，我希望能夠用這些小小的善事，去彌補曾經做過大大的錯事吧！但回過頭來，或許也可以這樣想：趁現在有能力可以幫忙人家就多幫忙，不要等到自己需要別人幫忙，那才是最悲哀的事情。

說實話，在很多人的心裡，做殯葬業有多賺啊！什麼環節都可以撈一筆！這我冬瓜當然也知道。很多家屬對這些根本不清楚，又在最傷心脆弱的時候，被殯葬業者拉著鼻子走。但我總相信因果循環，自己做過的以後一定會回到自己身上。

早期我會覺得，拿家屬紅包當作自己的獎勵很合理啊！但是這樣的東西和習慣一氾濫，很多員工就會巧立名目、賺取不義的錢財。我就告過一個員工，他自己用了各種名目去跟家屬收錢，但錢並沒有回到公司或是向我報備，所以這件事情一直沒有被發現。直到有天，我的朋友跑來虧我說：「冬瓜，你錢賺很多吼！太誇張了啦，這樣也要收、那樣也要收……」

我當下聽到還真的不知道該怎麼回答，因為沒有一件事情是我聽過的。回到公司後，叫他到辦公室來質問：「某某某，你到底做了多少次？」結果一件一件挖出來，他做的案子每一件都有問題！我一一親自打電話向家屬道歉，接下來，當然要對簿公堂，請他把錢拿出來還給家屬。

他在堂上說了很多謊話，說他只承認三個案子（明明拿了五十幾筆），而且也不肯還錢，結果當然受到法律的制裁。他被判一年兩個月，最後我自己掏錢還給家屬。這樣的事情說都說不完，我都只能勸家屬一定要貨比三家。葬儀公司對內教育員工，絕對要將心比心，要有操守，改變員工對殯葬業的觀念。

來這裡不是來「黑錢」，而是來陪伴人走最後一程的。要是做了什麼不該做的事情，會被家屬記一輩子。就算家屬不知道，良心也會不安的。

塵歸塵、土歸土

現在處理往生者遺體的形式有很多種，當然最普遍的就是分成火葬跟土葬。目前比例是一百人當中，只有三個人用土葬。這當然因為土地少、相對的費用也高，一般人想要土葬就困難得多！現在人習慣用火葬，如果真的想要土葬，那首先還得買得到地才行！

土葬細節多

一般土葬是先選墓地與方位，再挑日子，如果是火葬就不用了！土葬在風水這部分很要求，得看往生者符不符合這個坐向。以現在寸土寸金的時代來說，土葬是「一墓難求」，連買都困難，計價也就沒有一定標準，一切要看當時的狀況。假設今年賣得比較不好，一坪三十八萬；如果賣得比較好，或是地主心情不爽，開個六十幾萬，差價就可以差到一倍以上。

除了買合法私人墓地外，還可以找公墓，像是台北市的示範公墓，是採六年輪葬的方式處理。也就是六年後要把葬下的骨骸取出，放到靈骨塔裡。一般人去買地的時候，會被要求寫一份切結書，保證六年後歸還。另外，假設要買墓地，現在會給所謂的土地權狀，但假設買五甲地，權狀上可能會規定只能用兩甲，其他的地方要綠化、設停車場、做水土保護等規劃，當然價位也就會越來越貴，隨時都有可能往上調整售價。

骨灰只是紀念品

另外一種方式就是火葬了！現代人講求環保，再說土葬的不便性太高，所以近幾年大家都可以接受火葬的方式。火葬後可以進塔、植存，或是買一個火化土葬區，甚至灑到海裡。

關於進塔，台北市前幾年有一個較嚴重的問題，就是靈骨塔沒那麼多，很多人得去買私人塔位。當時就有人要求市政府，得要準備讓窮人死後也有安身立命的地方，所以公家單位不斷興建塔樓。二〇一〇年開始，台北市增加了四千多個塔位，以這樣來預估，台北市一年平均死亡人數大概一萬兩千人，其中有三成的人會放在自己的祖塔裡面，所以增加的塔位在幾年內是很夠用的，而且市政府應該還要繼續覓地興建，以符合民眾需求，但「與民便利」的確也可能衝擊到私人塔位的銷售。總之，整個殯葬的類型跟方式都在不斷轉變。

在我的觀念裡面，火葬後的殯葬禁忌就沒有以前那麼嚴謹了。甚至像剛剛提到的土葬風水問題，在火葬這一部分，我也就不那麼相信有風水。

我自己之前就遇過一件事，一座台北市的寺廟中，塔位靠近地藏王菩薩的位置比較貴。有一年颱風來，我朋友找我一起去，看看是不是有淹水，一去就看到寺廟的師父正在烤骨灰！現場除了我們外還有另一組家屬，他們跟師父吵了起來，因為師父他們拿骨灰竟然沒有通知家屬到現場。吵了很久，師父就跟家屬說：「這只是一個紀念品，你們何必那麼在意？」

我一聽心裡就有很大的OS：「師父你言之有理，這只是一個紀念物，那塔位何必有富貴之分？」大家不覺得很諷刺嗎？對我來說，火葬是沒有什麼風水之說了，剩下的碳水化合物，連施肥都沒有養分，的確只是個紀念品，不要想太多！

另外還有一個我自己的觀念，提供給大家參考，大家常常在火葬場聽到家屬在一旁大喊：「某某某快走喔！」如果你們相信有靈魂，還相信有另外一個國度及輪迴的話，那我勸大家在喊的時候，要給往生者一個方向。如果他生前跟某尊神明比較有緣，你可以說：「某某某，阿彌陀佛來接你了喔，你要跟著祂走喔！」或許這樣比較有用，才不會你叫他趕快走，他反而不知所措，不曉得要跑去哪裡。

預立遺囑，讓你走得有尊嚴

如同我剛剛說過的，如果想要火葬或是植存，一定要事先立好遺囑，讓家屬有個方向可以依循，總比讓大家弄出一堆意見最後鬧翻的好。像是本身想要火葬的，那遺囑一定要交代清楚，在身故前，就把子孫叫過來，規定他們一定要這麼做。我相信以現在來說，達成率會很高，大家都會遵照長輩的意思。不然就得立完整的遺囑，而且要確保遺囑具備法律效用。

遺囑分配好財產，子孫安穩和樂

立遺囑有兩個好處，一個就是不會給生者太多麻煩，也減少雜七雜八的意見。

另外一點，當然就牽涉到財產的問題，遺囑能完整交代財產的分配，子孫才好安安穩穩的和樂相處下去。

通常完整的喪葬事宜是相當複雜的，而複雜程度也可以從家裡的成員結構看出來。傳統習俗會把這種責任丟給長子，二弟、小弟可能尊重、也可能不尊重。假設今天我是大哥，我的經濟狀況不如小弟，我想替往生者舉辦個簡單的儀式，而小弟的社經地位比較高、想要辦得隆重而盛大，那就會出問題了！很多枝枝節節會因此展開，畢竟所謂的「隆重」，可以有很多種定義。

這種時候，我都會建議，如果大哥的經濟沒辦法，其他人要互相幫忙。這種話讓大哥開口太沒面子了，要由我們外人把小的拉到一邊，掏心掏肺的聊，或者是跟希望辦得盛大的那位家屬溝通，跟對方說，現在的方式跟傳統的不同了！以前家裡一個人往生，好像恨不得全世界都知道我家裡的人走了，還要「拚陣頭」來。現在大家都移往殯儀館，社會結構不一樣，住宅的形式也不同。大廈林立的情況下，不可能再把往生者放在大樓裡，其他鄰居也會抗議。當然，目前中南部的人還比較傳統，因為淳樸、人情比較濃厚，鄰居甚至還會來幫忙關心，不同於台北。而台北人可能連鄰居是誰都不知道，為什麼要同意旁邊放靈堂？所以現在人往生後，家屬都會直接將往生者送到殯儀館，或是可以設靈堂的禮儀公司。

大部分狀況下，儀式在兩個禮拜內就會結束！這種關鍵時刻，就在於個人如何運用智慧了，比較有肚量的小弟會說：「大哥沒關係，我來辦就好。」不過這樣說，或許有時候也會讓大哥很受傷，所以我才說，預留遺囑比較能省掉這些麻煩。

怎麼立有效的遺囑？

既然要立遺囑，就要讓遺囑有法律效用。可以採取的方式大致分為兩種，一種是書面遺囑，可以到律師事務所辦，或是到地方法院為民服務處，只要有地方法院加以蓋章都可以。遺囑上使用的章要小心收好，不要被第三人拿走了！假設章被拿走了（直系親屬），對方去地方法院拿存根，就可以修改遺囑。

另一種方式是口述遺言，只要三個人在現場，以錄音筆錄下後，把錄音內容保存起來，三個人簽名、蓋手印、貼封條後，也算完成遺囑。我有一個朋友要走了，不知道錢要怎麼配置，我就在病房裡打給律師，律師說：「我不賺這種啦，況且我人不用到場，你們就找三個人將遺言錄起來，三人簽名就可以！」到時候這份遺囑不管對保險公司，或是對其他方面，都同樣具法律效用。

絕對不要以為自己寫遺囑，或是像電視上演的那種方式，隨便講講，沒有錄音也沒簽名就算數！那樣是絕對沒用的，因為法律上可以主張，這是往生者在無意識或是精神狀況不佳的狀態下立的，所以無效。

這種簡單的常識，每個人都要學起來！很多時候，光是簡單的動作，就可以省掉很多往後不必要的麻煩！

台灣適合生前契約嗎？

生前契約是跟著日本、美國的結構延伸過來的，這些國家沒有台灣這麼多禮俗，世俗規矩也沒有這麼繁瑣。契約通常會有很多制式的規定，像是：往生的三天後要辦告別式、中間會發生什麼費用、你的告別式會有多少人等。

這是一種定型化契約，通常會買的人，基本上大多是中產階級以上。台灣人的觀念越來越開放，有些長輩不希望自己的過世帶給子女太大負擔，就先幫自己買一份生前契約。不過，說真的，台灣真的適合嗎？在買之前，一定要好好想清楚！

契約簽了反而沒有比價空間

以我自己發生的例子來說，當初我阿嬤過世，家裡每個人的信仰以及想要的告別方式都不一樣，有佛教、道教，也有密教的。那時候為了滿足他們想要的方式，也曾經在一天裡面出現了三種不同的宗教儀式，目的當然沒有別的，就是讓他們開心滿意就好！

我再說明清楚一點，就像剛剛講的，買得起定型契約或是現在就想買的，絕對是一個中上家庭。契約裡面會條列式的告訴你，往生後配置的是黑花崗骨灰罈或是什麼材質。但是等到離開那天，亡者的家屬、孩子，看到現場公司提供的其他骨灰罈商品圖後，或許會希望用更好的骨灰罈。這時候，公司就會說：「因為契約內容提供就是這個，如果想要換別的，就要另外添購付費。」

既然都是中上家庭了，肯定都會覺得，我只要多花一點點錢，就可以幫往生者用好一點的東西，怎麼可能不買？就這樣，那裡添一些、這裡補一點，有可能加一加，比原本的錢又多花個十萬以上。業者當然有自己的說法或是用話術引導人，當初買的時候可能也沒有比較，等到真正要執行的時候，執行者又不是原本的消費者。家人也許加那樣、添這項，但契約已經簽了，也只能給那家公司做。對方說要多添加多少差價，也無法再做比較，只能聽他們的報價、給他們費用了。

契約制不見得符合台灣民情

其實我常跟人家說，也常在節目上講，我說：「你幹麼去買生前契約，等事情真的遇到或發生時，再找葬儀社就好啦！葬儀社那麼多，又不會全部倒光！」

我講這些也不是希望大家都要跟我買，因為我做的不一定會比較便宜。要幫家人辦後事，一定要衡量自己的經濟狀況，並且依照需求去做調整。很多細節與配置需要去討論、規劃，台灣的習俗就是比較繁瑣，我總覺得這樣的契約制度，似乎不太符合民俗風情。

我最近有個案件，就是比較特殊的狀況。有個嚴重的患者（醫生預告他即將要往生），直接找我去談，他問我說：「我可以怎樣怎樣做嗎？」

我直接在病房中跟對方討論：「我可以用什麼樣的方式幫你助唸、現場告別式的花用什麼、棺木是什麼花色、價錢是這樣，你覺得可以嗎？」

這樣討論後，我們才簽約，或許這樣會更符合亡者真正的需求，因為是個性化合約，不是給A、B、C三套方式選一個。台灣哪有什麼三選一，我們的習俗可以搭配出百百款！台灣人現在的確比較敢面對死亡了，但那種健康時簽訂，或是急於一時簽訂的生前契約，還是有點太早了，反而浪費錢。

台灣的民俗習慣一時很難改變，如果要針對定型化的契約去做人性化的調整，家屬的需求和隱藏性的東西實在太多了！說難聽一點，有些公司或是不好的營業員，想賺的就是後面追加、增購的商品。誰簽了生前契約，誰後面就一定要多付錢，而且不管未來遇到什麼狀況，都只能讓他們做，一點選擇的權利都沒有！

老話一句，面對生前契約，不但要考慮清楚，還要貨比三家！

殯葬文化可以靠證照來提升嗎？

殯葬這個行業的壓力很大，因為每個人的身後事都非常重要，沒辦法重來。辦喪事得非常嚴謹，不只要做得好，而且要非常好，讓家屬沒有遺憾。到現在我還是天天待在公司，去現場顧前顧後的，就是怕有任何緊急事情發生。當然我也常常告誡員工，告別式當天，絕對不能出任何小小的失誤，要把每場喪事當成自己家裡的喪事一樣，一切都要將心比心。

殯葬證照考哪樣？

但是我這個國中沒讀畢業的，要去教這些大學生，真是比登天還難。現在年輕人的自尊非常高，他們覺得「我認為對就是對，老闆不一定比我厲害、比我聰明」。也的確啦！但這行需要的是經驗、經驗，還是經驗。

最近政府和學術單位搞出了一個丙級的禮儀師證照，我心裡面常常想：這個證照要由誰來判定，家屬？現場考試，還是老師？誰是老師？還是請業者來評分？

我個人覺得證照是適用於某些固定工作，那些工作有一定的教條或是規定。遵循這個邏輯，畢業後再以實戰輔佐，這樣就很棒。像是學法律、考了律師執照，雖然不保證他在辯論時很出色，但是要記住法律條文本身就是很大的重點，另外，像是水電工也可以考幾個電燈幾瓦、導電的速度、正電跟負電不能交叉等專業知識。

但是殯葬這個行業不是物體原理，如果要考證照，那民俗、心理學都要考，裡面牽涉到很多人與人之間的感情和心理層面，包含彼此間的溝通。例如家屬常問：「擲杯有用嗎？」我可以很坦白的說：「沒用！」但不是說真的沒用喔！只是說，擲杯後得出的答案，常常只是反映機率的問題而已。就像我提過的，我辦告別式時，絕不會去擲杯問往生者：「你要這樣的告別式嗎？」我會去觀察和詢問每個家庭想要的方式，不斷傾聽家屬的心事和悲痛。殯葬業者或禮儀師最重要的事，是要學會察言觀色、懂得緩和家屬情緒，但現在執照內容考的是會不會穿衣服、會不會化妝、會不會搭靈堂。這是基礎沒錯，但是或許重點是他有沒有溫暖的心，以及能不能發揮特別的規劃，以及會怎麼規劃告別式的一天。

上過課的學生更難教

說難聽一點，有段時間，這些倡導考證照的所謂教授、學者，也只知道書上寫的風俗而已。他們也未必融入整個喪葬的過程中，有些東西還得從我們禮儀師身上學。我就遇過好幾個教授、老師，拿著錄音筆來問我細節、瑣碎的事情，像是習俗會怎麼做、整個喪葬的過程會遇到什麼樣的事情，一項項問。現在反過來了，他們拿著錄音筆去跟政府說，禮儀師應該要考證照。

我同意政府來督導我們，但不是學者來督導我們，你看現在有那麼多不同的方式，但這些「老師」跟我們學的，都是以前傳統道教的那種繁文縟節，根本沒有融會貫通個人化的喪葬服務。說起來好笑，我還有收過學校寄給我講師課程，邀請我去上課，但是後來又批我學歷不夠，打了我回票。

那些拿錄音筆來跟我們業者作訪問，甚至跑告別式的老師，在做好紀錄後，就開始在學校開「送行者課程」、給學生拿學分。這些學生畢業了，也就覺得自己好像懂點什麼，所以來上班後，反而更難教！通常這些學生們來了後，我都會瘋掉，因為我們這個行業非常重視實際經驗，就像是剛剛說到的心靈層面。大學沒有給他們這種實習的課程，他們要怎麼學會？

就像有家屬會問我：「冬瓜，我都在家裡看到我媽，要怎麼辦？」這該怎麼回答？說沒這種事，他會問：「那你們找師父來引魂，是引什麼東西？」如果說有，他會說：「我媽怎麼還在家裡走來走去？她是不是沒有被超渡？」好像怎麼說都不對。

這時候我就會看當時的情況說：「你可能是太思念媽媽了，是你的一種幻覺，日有所思，夜有所夢！你要好好休息，照顧身體比較重要。」

問題又來了：「冬瓜，到底有沒有引到我媽媽，我怎麼都沒夢到她？」

我說：「你是瘋了，你媽都引去極樂世界了，你怎麼夢得到啦！」

我常常說，要把每件喪事都當成在拍一部電影，把每個人的角色安排好。然後，要學習去安慰家屬、用心去聽，就算是假裝也好，也要去聽他們的需求，幫他們完成心目中的那場完美告別式。但這些東西，證照要怎麼考得出來？

另外，像是燒紙錢能收到嗎？我覺得收不到，但是這是心意，是一種寄託。我們做殯葬業，都是在執行家屬給往生者的一個心意、追思。燒這些東西，都是家屬的心意，你問我收得到嗎？做業者的我可以告訴你，你跟我說要燒多少金紙，我都有收到！我從中間當然有多少賺一些實質的錢，但是往生者收得到嗎？我不騙家屬說他收到了，我都是跟家屬說：「有啦有啦，你的心意他收到了」，這樣的說法是給家屬一種心靈上的解脫。

說白一些，就像佛教裡並沒有所謂的陰魂，往生後就直接解脫，前往極樂世界。那裡是無風無雨、無罣無礙的地方，這些紙錢、物質的東西，對他來講根本不需要嘛！你也希望自己的家人往生後可以到極樂世界吧？但是你還是會燒紙錢，因為這就是一種寄託，一種給自我的安慰。

經驗與智慧更勝考試答案

證照的考試只能考如何幫往生者安排一連串頭七前的儀式，但實際上，除了安排助唸、治喪的諮詢外，還有很多情況是無法掌控的。我們有時需要幫家屬對亡者做臨終關懷，也要請家屬一步一步照安排好的程序走。這段時間要適時穩住家屬的情緒，就像很多家屬都希望我在場，但是我沒辦法每一場都在，所以我的員工們就被教育，要學會安撫家屬，讓告別式可以安詳、順利進行。

這個過程中肯定會有各種不同個性的家屬，像是因為親人的往生太突然，大家都太難過、太慌亂，所以脾氣比較壞。也有那種往生者的家屬人很多，但每個人對舉辦型式、各項治喪物品都有不同意見，甚至大吵的。這種狀況，我都會建議員工們，我們盡量不要涉入太深。畢竟我們不是家屬，我們最好站在中立的立場去勸說、緩頰。例如很多兄弟就會對長輩後事有不同的處理態度，大哥比較有錢、想要用好的靈骨塔；弟弟比較沒有那麼多收入，覺得可以簡單就好。我可以跟弟弟說：「後事處理是一輩子的，大哥既然不計較錢的多少，也沒有要你付這麼多錢，你就讓他盡一份心意，等你以後有多賺，再補貼他。」或是去跟哥哥說：「弟弟的意思是不希望太鋪張浪費……」，絕對要告訴兩邊，對方都是好意。但要怎麼樣讓事情被解決、讓雙方都很滿意，絕對要運用經驗和智慧。

殯葬業不是夢幻的事業

所以，葬儀這個行業考不考執照，甚至大學開不開課，都不是重點。既然希望用執照讓這個行業專業化，那為什麼不多詢問各方人馬或是業界有經驗的人，共同來訂定怎麼去做執照考試的規劃？例如需要從事相關行業多久，由業界老闆公司背書後，再去考執照；大學課程是否有跟業界合作，安排可以實習的課程等。這可以有很多配套方式，而不是拿張紙寫寫答案，或是找個人躺在那裡，幫他化化妝、穿穿衣，就可以證明那個人有當禮儀師的資格。初進業界，就有個姿態的人，只會讓殯葬業的專業更受挑戰，就像我們家隔壁炒菜的阿桑，考過了丙級禮儀師，她突然跑來說她要來我這裡做禮儀師，我敢嗎？

我常常說啦！做我們這一行非常辛苦！要做得好，就要把所有的時間都花在家屬身上。全台北要找到一個很稱職的禮儀師非常困難，如果有，我會非常佩服他，因為我知道他背後犧牲掉了跟家人、小孩的相處時間。在這裡，我要跟那些把喪葬業講得很棒、很夢幻的人說：「不要這樣騙小孩」，反而是要告訴想踏入這一行的人：「現在你自己還有選擇，你要先有心理準備。」我可能在大冬天叫你半夜三點出來辦事情，可能這一待就是到早上了、可能隔天還有其他事情，要繼續處理、可能四天都沒得睡一直在忙、累死了！

你可以的話，再來殯葬業報到，要清楚這些事情，《送行者》這部電影並沒有演出來。他只有演出我們如何讓死者有尊嚴的走，卻沒看到「送行者」超乎常人可忍受的辛苦經歷。

一談到錢，大家就閉嘴了

在那麼多場的告別式和大大小小的案子中，讓我常常看到人性令人無奈又好笑的一面。以前我常想說，這麼離譜、怎麼可能？

現在這些事情都不會令我大驚小怪了！因為在死亡的發生現場，除了哀傷外，其他關於錢的爭論，才真是令人目瞪口呆！

人生百態都有

舉例來說，某醫院的醫師，一家四口都車禍死亡。但他們家中有一個唯一的生還者，就是一個年紀很小很小的小朋友，保險的理賠都下來了，但那些錢卻都被凍住了、不能動。原因是——大家在爭監護權！那是因為親戚太好心嗎？我不得而知啦！但是我知道誰爭到這個小孩，誰就可以繼承財產。女方的媽媽（也就是小孩的外婆）還在世，通常監護權會判給外婆，但是男方的哥哥（小孩的伯伯）也來爭監護權，雙方對簿公堂，這是爭一口氣嗎？大家想想吧！

最近我身邊也發生一件事情，事情是這樣的，我朋友的姐姐被車子撞死了，當初因為朋友認為我處理這件事情比較有經驗，所以請我去處理。沒想到撞到他姐姐的那個人也是我的朋友，而且雙方都是「兄弟」。所以那天，整個醫院兩邊站的全都是兄弟。

狀況一觸即發，我到了現場，只跟他們說：「我現在站在中立的立場，今天人往生了，就要處理事情，不是說你用打的，事情就可以解決。誰打誰，最後就是鬧上法院誰告誰，根本沒有用。還是說，現在你們兩攤人馬互相開槍，打死誰都跟我無關，誰死我就多接一個回來做。」

當時他們聽我講的時候，想想的確有道理，就比較不那麼衝動了。接著我說：「今天如果說，撞人的那個人是飆車、酒駕撞人，那我百分之百會站在往生者這邊挺他到底，你們看誰錯嘛！但是今天這個狀況我不敢說，我分析給你聽，現在是肇事比例分擔，路有路權、車有車權，究竟是誰違反這個權利，還沒有一個定論。所以我才說，不要在衝動下做任何事情，等事情結果出來，再來談。現在誰動手了，就沒完沒了，對死者有幫助嗎？對你們誰有幫助？」

但是死者家屬開始不滿了啊！覺得我袒護另一邊。我還跟他們講很白，現在一件死亡車禍的賠償，三、四百萬就解決掉了啦，沒有他們想的幾千萬。現在可以先處理車子的強制險，後續的賠償，大家再慢慢協調。如果今天是一看就知道的號誌問題或不是違規、沒有超速，判賠的機率很小。就像之前高雄有一個案例，一個婦人她沒戴安全帽，逆向想要大迴轉，公車剛好左轉，活活把她撞死。婦人的家屬只說了一句話：「是我們違規，我們沒話說。」不要透過我來說，誰應該賠多少錢，現在我也不能多講，省得因為這件事情兩邊難做人。最後我就直接說：「當初現場我已經幫你們圓滿了，現在人命關天，我冬瓜無法幫你們調停這事情。今天你喪葬沒錢，我可以喬，但是這樣的事情不要找我。」這種事情太複雜，還牽扯到錢，誰加入都很麻煩！

我自己也遇過啊！之前提過，在我阿嬤過世的時候，因為大家的宗教習俗都不一樣，有想要請師公的、有想找阿彌陀佛的，還有現場找喇嘛或其他等。幾乎每天都請不同的師父來，頭七還想這樣搞，我就火大了，直接說這一場多少錢，想請的人自己付。說也奇怪，大家突然又都沒意見了。就是這樣，怎麼能不看到「錢」字的魔力呢？

別讓生者比亡者更辛苦

所以說，在處理葬儀時，如果遇到特別喜歡出主意的人，我就會交代禮儀師說：「你就靜靜在旁邊聽人家談事情就好。」先簡單了解家屬的大致需求，看看這時候有沒有人會跳出來說話，等牌位立好了，再去找家屬來。通常這時就會有不同意見的聲音出來了，我們再去聽大家的意見，居中協調，讓事情圓滿。

說實話，通常越是不出錢的人，意見就越多，永遠要比別人花俏。很多人只會出一張嘴，給晚輩壓力：「你要這樣才有孝順……」，從來沒想過小孩的錢夠不夠。所以這時候我們就要出馬，靠我們去安撫那些意見特別多的「長輩」。要說現在這些禮俗不是這樣的，而且在台北也不方便，以前有這些是因為什麼什麼原因等，盡量不要讓那個付錢的小孩壓力那麼重。

喪事，量力而為就好，不要讓生者活得比死的還辛苦。

臨終事讓人看到荒謬與人性

在這行做久了，大小事、人情冷暖都見過，所以我從來就不會說，誰發生了什麼事情就一定是錯的。像是我對自殺的人，就抱持比較中立的態度。我當然希望每個人都珍惜生命，但也理解每個人都有自己的一段故事，或是我沒辦法了解的背景。所以，我不會去批判自殺者，只是有些事情的發生，真的連我都覺得心酸，甚至還覺得有點想笑。發生這樣的事情，竟然能看出那樣的人性。

沒出錢的還想要錢

我記得在民國八十九年，一個廣州女生嫁到台灣。那個年代可以嫁到台灣，她大陸的親戚都覺得她要過好生活了！誰知道，這個婦人生了孩子後，還要賺錢養家，最後這位婦人還被她老公用浴巾給勒死。這中間發生什麼事情，我沒問也沒追查，我只是到命案現場處理大體。

我們聯絡了這位婦人在大陸的姐姐，這個姐姐家境也很不好，她湊了好久的錢，好不容易才買了機票飛到台灣來。那時候我也很清楚，她已經沒有錢去處理妹妹的後事了！所以，我們理所當然的跳出來，免費幫她處理，順便也幫她湊齊了飛回大陸的機票錢。就這樣，姐姐抱著妹妹的骨灰罈，傷心的離開這裡了。

但世間上就是有這種離譜的事情，那個殺害婦人的老公被抓進去關了幾年後獲釋，竟然還跑來我公司，要求我出喪葬明細給他，因為他要用他兒子的名義去申請「被害人」補償金。我很直接的跟他說：「當初你一毛錢都沒付，現在還敢來跟我要喪葬明細！」真是一個大混蛋！

獨居老人的九百萬

另外一個案件是讓我啼笑皆非，那是一個獨居的老榮民，據說他的親戚四散世界各地。他平常都很定期的繳交房租，這次突然遲交了三天，房東覺得很奇怪，所以才想說去關心一下。到了現場，才發現他已經往生了。我們接到警局的通報後，就立刻跑去現場。因為那是自然死亡，所以就由我們前往收拾就可以。那間房間非常凌亂，我們開始整理時，一打開抽屜，裡面竟然全都是菜刀。當下我還想，這老人是不是發瘋了，這麼瘋狂收集菜刀？因為還沒有家屬出現，所以我們就暫時把遺體送到殯儀館。

邊整理邊聊，才發現他除了菜刀外，還有很多股票的單據，上頭還有股息。那一定是玩很大，才會有這些東西。所以，檢察官就叫我幫忙，看怎麼聯絡家屬。我翻了一下，發現了唯一一封表弟寫來的信，看了看地址，是在大陸。我就幫忙寫了一封信，內容寫說：「我是誰誰，哪個葬儀社，因為你的誰誰過世了，要麻煩請你來認。」信一出去，就這樣沒消沒息、石沉大海。

等到最後一個禮拜，房東請我幫他清理房子，因為有血水什麼的，通常清潔公司也不敢處理，所以我就協助整理現場。在清理時，我發現他床鋪下方全部都是塑膠袋，裡面竟然放了滿滿的現金！我們現場點了點，隨便亂算也有九百多萬！我們趕緊報警，這樣的事情，葬儀社是無法處理的。

這件事情之後，我又寫了第二封信聯絡他大陸的表弟：「現在我們在床鋪找到現金，要請你們來處理……」寄出去後沒幾天，我的電話就響了，加拿大的遠房、香港的、台灣的親戚等，統統都出現了！總之，他們先請台灣的親戚跟我聯絡，等往生者在大陸的表弟過來後，每個人都分到了百萬現金離開。你們說，這是不是非常經典的事！

同年同月同日生

還有一件事情也讓我印象深刻，那時我才剛開始從事殯葬沒多久，委員林瑞圖請我去基隆幫忙，處理一具已經冷凍了十八年的大體。那位小姐是因車禍過世，可是因為賠償問題，所以遲遲沒有入土為安。據說幾次要下葬，她的家裡就會遇到靈異事件，例如失火等。再說她的父親又是年紀很大的外省人，根本也無力負擔多年的冷藏費用，如果不支付那三百八十幾萬的款項，他們其實也沒辦法帶走這位小姐的大體。後來在林瑞圖的奔走以及基隆市市長李進勇的協助下，我終於幫忙她的家人送這位小姐最後一程，而且之中也完全沒有發生任何怪事。

在設立牌位時，我問她的父親：「她什麼時候生？」

她的父親說：「叔胡低。」

「啊？」

後來我想了一下才猜出來，他是說「屬虎的」。

我還是得知道確切的時辰啊！再問一次後，我整個人傻住！她的出生日竟然跟我一模一樣、同一天！

世上就是有這麼奇妙的事情，與我同年同月同日生的這位小姐，好像是等著我來為她處理後事。但是幫助了這家人後，我卻覺得無比心安。到現在，我們公司每年普渡，都還會寫上這位小姐的名字。

是我謝謝眾家屬

所以我才說，在這一行會看到很多很心酸的事情，不用太鑽牛角尖，搖搖頭生氣就過了。人性本善、人性本惡，都是必然的現象。在這裡，我認識了各種不同價值觀的人，當然也結交很多好朋友，像是那個廣州女子的姐姐，後來還寫明信片給我。

很多有緣讓我幫忙處理家裡事的家屬，都曾寫信給我，表達他們的感謝。其實我才要好好謝謝他們，他們讓我比別人更幸運，可以看到人生百態，有善良的一面，也有邪惡的戲碼。

我可以看到這麼多故事，真是不枉此生。

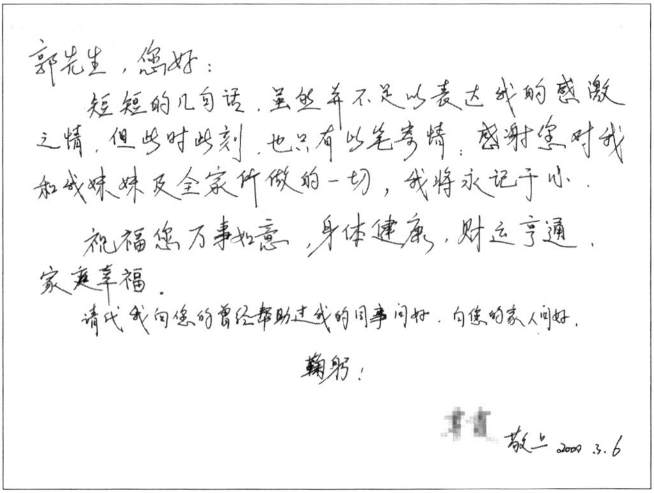
郭先生，您好：

短短的几句话，虽然并不足以表达我的感激之情，但此时此刻，也只有以笔寄情。感谢您对我和我妹妹及全家所做的一切，我将永记于心。

祝福您万事如意，身体健康，财运亨通，家庭幸福。

请代我向您的曾经帮助过我的同事问好，向您的家人问好。

鞠躬！

[redacted] 敬上 2002.3.6

每當我看到這張來自廣州的明信片，
都還會為這對姐妹感到心酸。

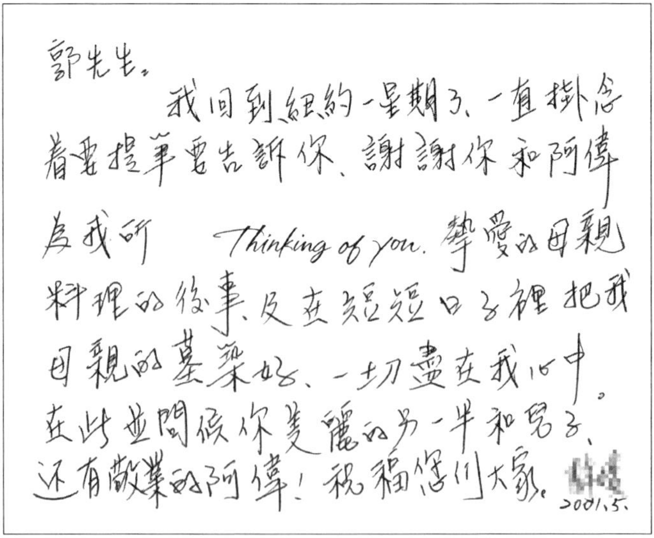
郭先生，

我回到紐約一星期了，一直掛念着要提筆要告訴你，謝謝你和阿偉為我所 Thinking of you. 摯愛的母親料理的後事，及在短短日子裡把我母親的墓築好，一切盡在我心中。在此並問候你美麗的另一半和兒子，还有敬業的阿偉！祝福你們大家。[redacted]

2001.5.

能夠讓喪事圓滿落幕，且能讓家屬獲得安慰，
是我最大的成就感。

第三章

暗夜的送行

收意外現場不是為了賺錢

處理告別式、幫家屬處理喪葬事宜等殯葬業必須做的事情，我沒有少做任何一件，但我比一般殯葬業者多更多收意外現場的經驗。這個工作我也做了十幾年，直到前幾年才開始停下來。

目前我教出來的徒弟，都已經各自獨立成家，我想世代交替後，就讓他們去做吧！當然一部分也是因為我以前年輕時結識的警界好友們，一個個都給我升官了，少做也好讓人少說閒話！

找尋跡證是我的興趣

最早開始做葬儀時，很多人都認為我是想賺錢、拉生意，才去收意外現場。說實話，一開始沒有口碑、沒有名氣的我，的確是為了生意沒錯！我那時常常去警局幫忙、交陪抬槓，但是在這過程中，我也開始學習幫忙他們處理很多突發的情況，尤其遇到人手不足的時候。也是因為這樣，才慢慢開始有機會去收現場。

但是漸漸的，我發現我自己是真的對死亡現場有濃濃的興趣。我想要找線索、看看有什麼破案的跡證，或是加強採指紋的功力！我比誰都認真，常常半夜跑去刑事鑑定中心，跟裡面很多認識的同好一起討論命案現場的相關問題。「怎麼樣的謀殺法，會產生這樣的屍體狀態」、「會是有第三者嗎」，我們互相交流，然後參考每個人的意見，再去判斷、搜尋線索，看看推測得正不正確。說真的，那樣的現場，不見得有葬儀社想做；甚至想做，也不見得會那麼積極的去找尋跡證。

再說，衝去意外現場，並不保證一定可以接到生意，也要看家屬要不要給我做。有些是基本縫補給我做，但真正賺錢的喪葬事宜，家屬早就委託其他業者。種種狀況都是有可能的，所以我去到現場，早已經不只是為了生意的問題，而是因為成就感讓我做出了興趣。

從做中學會縫補大體

就像有人會問我，我是怎麼學會幫大體做縫補的？這當然就跟我的興趣，以及意外現場的學習有關。

縫補並不是一般葬儀社的工作，這項技術全台灣沒有幾個人會。什麼樣的人需要縫補，其實並不一定，通常要看家屬們的意願。若是自殺、跳樓，或是有槍傷、車禍這樣的情況，甚至是法醫進行過解剖，而家屬希望大體看起來能保持完整，才會需要縫補。

縫補需要的時間，也會依照狀況而不同，從兩個小時到十幾個小時都有。我學習的第一步，是從十幾年前開始。當初認識的法醫或是警察們，有人叫我去當檢驗員助理，我一開始時婉拒了，因為當時事業正起步，白天還是得待在公司處理事情，只能運用晚上學習，沒辦法配合。所以，當時只能透過每個案件發生時，直接去現場學習。

當然這樣的經驗，也讓我學到很多東西，因為收大體的這層關係，讓我可以跟高檢署的法醫做接觸。通常地檢署的法醫若覺得有問題，會往上呈報到高檢署，然後再與病理研究所做大體解剖。這個時候，他們就會找我們禮儀師去幫忙。我非常感謝一位黃教授，這段時間他教我很多事情，他經常一邊解剖，一邊講解這樣的外傷可能是因為什麼樣的狀況。法醫解剖後，就會需要縫補，如果助理不夠，我就自願下去幫忙。就這樣從做中學，我縫補的功力慢慢累積了起來。

縫補的小撇步

我提供幾個從縫補學來的撇步給大家知道。

通常我們都是用布袋線來幫大體縫補，如果有的家屬希望美觀一點，就會用釣魚線來縫合，可以讓縫合的線隱藏得更好些。縫補的時候不可以拉太緊，拉太緊，皮就皺皺的、不好看。要保留完美的大體，需要細心處理。

另外，縫補一定要一口氣做完，不然分好幾天做，大體就會變硬，反而更難處理。我曾經自己一個人在那裡待了十幾個小時進行縫補，一般人聽到都會怕怕的，但我覺得那就是工作，重點放在怎麼仔細的縫，就沒什麼好怕的了。

之前看電視，聽到有人說，有的大體皮鬆了，不好縫補，他會灌AB膠，讓大體的臉膨脹，才好進行縫補。拜託！有沒有概念啊！這件事情馬上被我「吐槽」！灌那種東西，身體是沒辦法吸收也不會消掉的，如果灌不好，反而沒幫助，看起來會很不自然。通常為了要讓皮緊繃一點，或比較好縫合，會用上衛生紙跟棉花，慢慢塞，看看塞的大小適不適合。

有的大體的眼睛，會像是我們說的「羊仔目」，比較凸，家屬常常會很難過說：「怎麼辦？他死不瞑目。」我都會跟家屬說：「不用擔心啦！」其實很簡單，只要給我三秒鐘，我就可以讓他很安詳的離去。拿出食鹽水，打一針在眼皮、眼皮一沉，自然就闔起來了。之後在眼睛上揉一揉，就會很自然，看起來也不會腫腫的（當然打的水分必須適當）。

這些大體縫補撇步，或是讓往生者看起來很安詳的小技巧很多，只要熟，就能生巧。

無名屍的指紋採集

在我學習的過程中，比較困難的除了縫補外，就是指紋採集。這個功夫我也是花了很多時間看書、透過每個案例去學習，才了解如何採集到完整的指紋。這一項技巧我自認非常擅長，很多人覺得很怪，這件事情怎麼會輪得到我來做？

如果是那種命案現場的玻璃杯指紋，當然不會由我來採證。會需要用到我的，通常就是無名屍。因為已經無法分辨這個人的身分了，警方就會希望由我們幫忙去做採集。

一開始怎麼會接觸到做指紋呢？那是因為我每天晚上都跑去刑事組，找警察朋友們聊天。到最後被分配到中山分局當義刑，有時突發狀況發生，員警不夠警力抓人，甚至不夠人力去做現場部署的時候，就會搭配義刑去。通常義刑出去幫忙，分配到的就是到現場去做跡證保存和拍照工作，另外一件事情就是採指紋。

說真的，當時我一天睡不到五個小時，幾乎都忙於工作。一早醒來就打理公司的事情，晚上又跑去刑事局，大家都會問：「冬瓜你攏不用睏喔？」我也不知道我為什麼可以為了工作犧牲這麼多睡眠時間。

我真的很熱愛意外現場的破案過程，那會讓我全身很有勁。

我想，那就是興趣吧？

屍體會說話

我幾乎有長達十幾年的時間，幾乎都在公司和警局中度過，兩邊跑來跑去。就像之前說的，一開始是為了生意，但後來我發現，是那股想要破案或是尋找蛛絲馬跡的好奇心，讓我忍不住想要主動學習。鑑識中心小組的好友們（紹凱）還送了我好幾本書，例如《屍體會說話》、《走出犯罪實驗室》，另外還有《殘骸線索》等。說我認真，真的一點都不過分！小時候我到學校唸書，根本連書包都沒打開過吧！現在我卻主動打開書本、坐在書桌前鑽研！我另外還自己去翻李昌鈺大師的書，這些書籍與實戰搭配時，讓破案關鍵變得清晰可見！

在這麼多案件中，我真的覺得「屍體會說話」，沒有人可以製造真正的假象，只要有完整的跡證保存現場，任何人都逃不過法眼。在我碰過的案件當中，有幾件是特別有印象的，而且也因為當時鑑識中心的努力，扭轉了原先的案件發展。

沒有變化，不可能是仰藥自殺

第一個案件是一具女屍，現場判定她是吃藥自殺。當天下午四點多一接到電話，我們公司的員工立即前往現場，到了晚上十二點多，我心裡想說：奇怪，今天員工都沒打電話回來，太奇怪了！因為員工通常都會喊說，今天現場怎樣、怎樣很辛苦、有發生什麼樣的事情等，但到這麼晚了，都沒有一個人打給我，所以我撥了通電話過去。這才發現，原來那具女屍到半夜還沒有人來認，也沒聯繫上任何家屬。那時我想，大家在那邊也很辛苦，不如買個宵夜過去，順便了解一下情況。

到了現場，我穿上鞋套、戴上手套，才一走進去，馬上感覺不對勁。可能是因為我看多了現場，所以比起一般人多一點敏感度。我覺得，經過那麼多小時，如果是吃藥自殺的人，通常會產生一些化學變化，空氣中絕對會有不一樣的味道。屍體會說話，她的遺體一定會產生血水、腐敗或是冒泡，但竟然完全沒有。

那是一間小坪數的套房，在看現場時，我通常習慣看一些生活的蛛絲馬跡，像是梳妝台啦、垃圾桶等小細節，這些通常很容易幫助我們找到跡證。為什麼我會下意識去看呢？因為通常要自殺的人，不會特別去藏或是整理任何的房間物品，因為想死的念頭這麼大了，哪有心情去顧其他事情！我走到梳妝台那邊，發現桌上有藥丸。不過我看過千百種安眠藥，一看就知道桌上的不是安眠藥。太大顆了，那反而比較像是胃乳片。

接著我走到套房的廁所，心裡想：「奇怪，這不是女生的套房嗎？為什麼都是男性的梳洗用品，牙刷也只有一支？」之後我打開衣櫥，又全都是男人的衣服。種種狀況都顯示，這間套房似乎不屬於這位女性死者。我再看看死者，衣服很端正，外表看起來沒什麼異狀，很安詳的樣子。但是疑點這麼多，我還是覺得有問題，後來我用手去撥開她的眼睛，一看就知道：「啊！慘了！挫賽，這一定是窒息死亡！」因為血液往上衝，所以眼下窩都是點狀出血性的斑點。

我趕緊走出去問員工說：「除了消防隊、警察和管理員外，還有誰進來過？」他們說：「有警方跟消防局來過，但因為初判是自殺現場，DOA（死者屍體僵硬），所以沒有送醫的必要，之後警察才找我們來處理屍體的。」

我深深嘆了一口氣，趕緊打給派出所員警說：「ㄟ，這是命案現場，你們趕快過來看看！」

警方在確認是命案現場後，很快就在隔天抓到犯人了！

一滴血跡改變所有推論

第二個案件是發生在民國八十八年二月，台北松江路一棟透天厝命案。

我趕到現場時，另外還有刑事組跟派出所員警。那間房子的一樓，被屋主改成停車場；二樓為辦公室；三樓是住家。我們在車庫後面的休息室，看見屋主（先生）趴在那裡，已經氣絕身亡。現場的牆壁上，留下因為兇手用力的刺殺而產生的大面積甩血，旁邊則有一桶乾淨的水。

接著，我們幾個人順著樓梯上了二樓，屋主的太太倒在那裡。那位太太當時已速送馬偕醫院，鑑識中心的人請我趕快跟著救護車前往馬偕，叫我去急診室拿死者太太的衣服。但是到醫院時，這位婦人已經死亡。原本院方正準備將衣服丟掉，好在鑑識人員有請我趕過來。我拿了側封袋，把她的衣服裝起來後，再趕到樓下去太平間拍照。那時候我就發現，女主人的脖子都是勒痕，這是很重要的證據。之後，我立即衝回現場。

當時發生了很烏龍的推論，某位長官說這是夫妻互砍。但現場的狀況實在是不可能發生這樣的事情，我把我看到的死者太太狀態，與當時一位林姓刑事組人員討論，會發生那種甩血，加害人一定是個力氣很大的人才對。即便是兩個人互砍或是互掐，都沒理由各自躺在兩個不同的地方，所以那絕對不可能是兩個人互砍，怎麼說都覺得一定有第三人在現場，但苦無證據。

陷入膠著後，我們就在這棟樓裡巡視，發現這戶人家的居住習慣很嚴謹，一樓到四樓，全都有用保全系統，但後面的鐵門卻沒有門上，所以暫時研判第三者是從後門逃走。不過歹徒很狡猾，現場沒有遺留兇刀，連地板也完全被擦拭乾淨。

這次台北市的鑑識中心真的很棒，他們用地毯式的搜索法，辛苦了三、四天，終於發現了一滴沾在手扶梯下方的血，而歹徒沒有擦到。驗了DNA後，證實有第三人在現場。警方針對這條線索進行搜捕，最後兇手也如期落網。

很兇殘，但卻是自殺

還有一件印象深刻的案件，是發生在大同區的一件割喉事件。

死者本身患有嚴重的躁鬱症，而且學歷很高，是位留美的博士。根據調查，她千里迢迢嫁去美國後，她的先生卻背叛她，與她解除婚約。當時她在台灣風光出嫁，最後卻落得孤單一人回來。

我到現場後，被大體的死狀嚇到了！警方初步研判下，認為死者是自殺，推論是死者先往自己的胸口刺了一、二十刀，然後割腕，最後再用刀子往脖子橫切一刀。看到這樣的狀態，很難相信她是自殺，因為手段太過兇殘了！一般人哪有這種勇氣，對自己的身體這樣下手？

我一開始也覺得，這樣的情況會不會是誤會了？應該是他殺才對！不過在蒐證的過程中，證據的浮現讓我們一一排除他殺的可能性。最大的關鍵，是最後一刀噴血在牆壁上的形狀。那道牆保有完整的噴灑血跡，沒有人在前方或是側方擋住血跡噴灑。或許你會認為，也有可能是兇手在後方割了死者的喉嚨。不過因為殺人的刀法有一定的慣性，所以當人在後方時，下刀的痕跡絕對不是完整的，可能只會劃二分之一，不可能整刀從左到右。這是根據經驗的判斷，就像上吊的人，痕跡絕對是順著上顎骨到耳背，絕對不會是像被勒死的人一樣，有掙脫產生的脫皮。

當然，還是有人能製造出上吊自殺的假象，但說實話，上吊的人在三十秒內就會被奪走生命了，連掙脫的力氣和時間都沒有，所以很多假象很不自然。「屍體會說話」，絕對沒有錯！只要是完整現場，一定都會有非常明顯的線索，說明這是他殺或是自殺的現場。

烏龍案件

我們也曾經遇過烏龍案件。一開始搞到以為連外交部都得出面！因為那天我突然接到一通電話說：「冬瓜大哥，有黑人死掉了！」那時我聽到就覺得：「慘啊，外國人死掉！代誌大條了！」

這名「黑人」，就死在兩棟大樓中間一條很小很小的通道，死了很多天，味道飄出來了，才被巡邏的管理員發現。但我們衝到現場一看，發現這個人其實是一個流浪漢，大概是在裡面睡覺，後來就死了，而且死了至少十天以上。人死後會從紫漸漸反黑，他其實是「反黑的台灣人」，根本不是什麼黑人！

這件事情告訴我們，需要到現場的人，就算沒有知識，也要有常識，不然也得多看書！

保存跡證，人人有責

在許多命案現場中，我最怕的，就是有管理員的那種。

某次現場，一間「一樓一鳳」的公寓發生命案。結果管理員、管委會的主委都衝進去，連第一線的員警也沒有拉出警戒線阻止他人進入，我們到現場後，發現那裡的地面有著許多鞋痕，證物也都亂了！雖然我說「屍體會說話」，也說過鑑識中心很厲害，但這些都比不上民眾在命案現場亂走、破壞來得強。

這樣講當然是反話，但民眾知識不足，到最後要採集的現場指紋也亂七八糟，所以這個案件至今都沒辦法偵破。

我常倡導，人人都應該要有保存跡證的觀念。有時不要說民眾常識不足，或許連員警都不見得熟悉現場要怎麼處理。因為通常一個派出所配置二十五～三十位員警，不一定每位員警在執勤的時候，都會有狀況發生，某些員警很有可能從沒遇過意外現場。如果他觀念不足，或是不熟悉作業流程，就很可能錯失找尋證據的機會。

每個現場都是命案現場

台灣早期的命案現場處理，並沒有一套很完整的現場跡證保留方式，一直到台北市成立了鑑識中心小組，才開始慢慢推廣保存現場跡證的常識。這是非常重要的一環，這些嚴謹的程序，能幫助員警找到破案的關鍵。那時候的一位謝主任非常重視這個問題，他還曾跟我說：「冬瓜，你要把每個現場都當成是命案現場去處理、去保存證據，確保不要破壞現場。」

因為我們禮儀師跟員警就是第一批趕到現場的人，有時候死者的死狀悽慘或是已經發出惡臭的，員警會希望由我們先進入找尋證件或拍照。那不是因為員警害怕或是不願意進入，剛剛有說過了，我們或許都比這位執勤中的員警還常進入到意外現場，他們會有些緊張、害怕是正常的，就像我第一次進入現場做事一樣啦！警察在學校學習的過程中，本來就沒有到現場實習的經驗，也沒有面對真正的死者，所以不須對他們太過苛求。

禮儀師更該學習如何保存跡證

但是如何初步判別自殺或他殺呢？這就比較困難了！所以早期，謝主任有舉辦鑑識課程，讓各分局的人去參加。第一期的時候，有讓我去參加，因為他認為殯葬業者也需要認識、了解怎麼保存跡證。

我只上了幾堂課，就有一些不同的聲音出現，為了不給他帶來麻煩，我就自學，不去上課了。不過講真的，我還是建議政府或許可以開放給那些專業的葬儀社（雖然我目前沒有在做意外現場）或禮儀師報名學習。因為禮儀師就算不是衝到現場的第一人，也是第二人。沒有像我一樣長期的經驗累積或觀察，很可能影響到證物的保存。就算不能納入正規教育，至少最簡單的常識要有，進入現場要戴鞋套、手套，女生的話要戴上髮帽，這樣至少不會造成指紋採集的混亂。

就像是先前有個新聞，一個八旬老爺爺以螺絲起子釘死妻子。其實社會上還有很多這樣的事情，只是無從查起。為什麼這麼說呢？

因為今天是這個爺爺本身有暴力的行為，用很激烈的方式，所以才會被發現這是他殺案件。假設這個爺爺今天是個比較沉穩的兇手，他只要把他老婆悶死就好了，這樣的狀況誰知道？現在台灣在開立死亡證明時，只要是年齡六十歲以上的老年人過世，經過家屬同意後，就可以開立了！家屬馬上找葬儀社去，假設禮儀師沒有眼尖一點，或是沒有一點基本常識的話，誰知道亡者是因窒息死亡，還是心肺衰竭而死？

做殯葬的人，一定要協助警方了解現場，或是更有警覺一些。畢竟像我說過的，屍體會說話，有經驗的人絕對有辦法知道死者的死亡狀態究竟正不正常。

死亡證明的開立要更謹慎

早期地檢署有初步通過，假設台北市的法醫人力比較不足，自然死亡務必要通知勤區到達，刑事小隊長也一定要到，確認死亡原因後，再請衛生所的人來開立死亡證明。我想這才是正確的方式。

可是這個方案推動很多次，公文雖有下來，但最後卻又不了了之。這其實一直都是很嚴重的問題，尤其牽涉到刑責。台灣是個文明的國家，在這條的法治上應該更周密一點。現在是高齡化的社會，這種久病厭世啦、或是先生跟太太因為長久觀念差異或特殊關係，而導致我們無法預期的慘況等，這類案例絕對不是個案，需要更加警覺才行。

我連屍水都喝過

在收意外現場的過程中，我也遇過那種非常難收的。一開始沒經驗，現在呢，什麼都遇過，也就什麼都不會覺得難收。一定要說的話，我覺得那種在冬天冷颼颼的海邊或是河水退潮的時候，要去拉屍上岸的現場，是最難收的。

脫光跳下泥沙灘

曾經有兩個經驗都令我難忘。其中一次的大體是在河岸灘被發現的，由於那具大體就躺在淺灘上，所以消防隊的汽艇沒辦法行駛到那裡。

沒經驗的人遇到這種淺沙灘，一定不知道該怎麼辦。如果穿著釣魚用的青蛙裝，徒步走入泥沼中，結果一定是越用力就陷得越深。所以我們發明一套方法：自己去撿大漂流木的木板，而且要撿三塊。自己鋪好三片後，往前走，當走到第三片時，再將第一片拿到前面鋪。就這樣慢慢的往前移動到要到達的地方。因為在爛泥巴上，要用大面積的物體去分散重量，這樣才不會向下沉。

通常這種狀況都只能一個人去收大體，兩個人反而沒地方站，要不就是兩人的施力方向不一樣，所以還是一個人最好。到了大體旁後，要站在木板上面，慢慢的拖、拉，將大體拉到屍袋裡，再用繩子把屍袋綁好，讓岸上的人用繩子拉自己和屍袋一起上岸。

那次的案件剛好就發生在冬天，我一個人在等我的員工，想要兩個人一起處理。但是我剛好跟到一個派出所的菜鳥，他太緊張了，一直催我趕快去拉，我一開始跟他說：「你就等一下嘛！」但他真的太害怕了，所以我就只好一個人先下去拖。那天的海風很冷，伴隨著大體的臭味，又是泥沙灘，他在岸邊一直乾著急的喊，叫我快一點。

我怕衣服弄濕，也覺得脫掉比較好辦事，所以只穿一條內褲就下去，冷得直發抖。拉上岸找到亡者的證件給那個員警後，我馬上打電話給我老婆：「幫我拿衣服來！」我自己趕緊跑到附近的土地公廟，想先把身上的泥巴沖掉，戶外當然沒有熱水，只好沖冷水。我老婆送衣服來的時候，一看到我眼淚直流，覺得我幹麼做得那麼辛苦。

滿口屍水，永生難忘

還有一次是一個很有名的案件，發生在二〇〇四年的中山橋橋下。上吊自殺的是一位承包商，那個地方平時很少有人經過，所以他們家人找了一個禮拜，都找不到他。一直到他兒子看到父親上吊在橋下，才發現他。一到現場，我就頭皮直發麻，心裡想：阿娘威，都已經一個禮拜了！地面上都是屍水，死者噸位又大，家屬又在現場，我們不能用比較粗魯的方式對待遺體，這要怎麼收，才能讓家屬心理比較好受？

我帶著員工在現場看了一下，覺得可以用槓桿原理將大體送下來，以三個人各站一方的方式，把死者運下來。我當時站在一個木板的角落，另一名員工站在另外一塊木板拉繩子。他正準備要跳過去的時候，一個沒跳好，整個木板一彈，整攤屍水噴起來就往我身上、嘴巴濺。當場三字經都要罵出口的時候，想到家屬在現場，不能不尊重他們，只好嘴巴擦一擦，繼續工作。滿口屍水，真的是永生難忘！

在送行的經驗中，大體常常會有屍水、屍斑或是已經長蟲的情況。原則上，屍體的轉變會從長屍斑開始，身體從紫色轉變為紫黑色，到最後變成黑色，漸漸就會有可怕的蟲，然後是蒼蠅。不過，我也遇過很特殊的狀況，也就是完全沒有變化的屍體。那是一個燒炭自殺的人，他把房間所有的洞都封了起來，留下遺書後就離開人世。由於他斷氣在床上，床墊把屍水都吸收了，所以整具大體就變得像乾屍一般脫水了！通常人死後一、兩個禮拜，就會有臭味，但他竟然過了半年後才被人發現，就是因為他沒有什麼味道，很像是真空包裝，只剩下皮包骨的身軀。

什麼樣的狀況跟現場都被我遇過，難收也是得收，只是有經驗跟沒經驗，力氣跟方法就會差很多！

警察都不想去的現場

意外現場的十幾年中，我做過太多案子了！有可能一天收兩、三場，這樣算算，一年跑了多少案子呀！所以，有時候你問我哪些案子，我一時可能還真想不起來，需要不斷回想，否則就是要很特別的。不然跳樓、上吊、車禍、砍殺，都是在我處理的範圍內，也就常常會混淆第二場跟第五場的印象！

我就講幾個覺得不可思議，連警察要進去都會心裡毛毛的案件吧！

是跳樓還是上吊？

剛剛提到的跳樓，我想起曾經遇過的怪狀況，有人看過跳樓後還站著的嗎？想必大家也認為不可能，但是這真的發生過！

事情發生在一棟高樓大廈旁邊的空地，我們一接到消息，警察就跟我們說：「冬瓜，有人上吊。」一到現場後，我記得我們所有人距離那兒大概還有幾公尺，一看心裡就想說：如果是上吊，那事情就大條了！因為那個人的衣服在我們這個角度看來，是整個被往上撩起的。假設那是上吊，這件事情很可能就不單純了！因為上吊的人不會刻意把衣服拉起來，絕對是被第三者拉上去的。所以我當下就跟派出所的人說：「如果是上吊，事情會很大條喔！」

「冬瓜你緊去看啦！」他們說。

因為現場的狀況令我們都覺得心裡怕怕的，他們就推我一個人走向前去看個究竟。一靠近看，就知道不對、不是上吊。因為其實他的手已經不見了、被削掉了，整個人的身體也被插在水泥柱上。而且他穿著毛線衣，衣服剛好卡在上方的鐵片上，所以衣服才會撩起來，旁邊的樹枝也斷掉了。這時候，我才轉頭跟他們說：「不是啦，是跳ㄟ！」

另外，這種案件我們也會先蒐集證據，好確認是不是自殺。這通常是就跳下的狀態先做初判，假設今天是自己跳樓，通常會有一個拋物線的距離，約六～十呎。

假設跳下的地方有阻礙物，那可能就會彈得更遠一點。如果今天這個人是掉在六呎以內、靠近建築物，或許就可能有他殺的嫌疑了。

和屍體獨處一整晚

另外一次是很久以前的陽明山竹子湖棄屍命案。那天發現棄屍後，大家看了看覺得那是第二現場，由於已經天黑，無法馬上處理喪葬的事情，所以我本來想先「翹頭」的。倒是警察必須在那邊等，一方面因為還沒確認現場狀況，另一方面也怕兇嫌回來破壞現場。可是那天那個派出所的警察卻有點怕怕的跟我說：「ㄟㄟ！冬瓜，你陪我啦！」那時候才晚上七點多，我就陪他坐在山上，山上沒有燈光，偶爾會有一些動物的走動聲。我跟他兩個人，除了害怕外，還覺得餓。

過沒多久，他就問我說：「冬瓜，你會餓嗎？」

「會！」

「好啦！我去買飯回來我們一起吃。」

他離開後，我就自己一個人坐在那裡。荒郊野外，放眼沒半個人，又黑、又暗、又沒有手電筒，旁邊就是那個被殺的人。等到了十二點，那個警察竟然還沒回來。我又餓、又累、又怕有人會上山破壞現場，最後只好自己一個人先躺在步道上。一躺下來，才發現——哇！整片天空全部都是星星！我看得開心，又覺得眼皮有點重，就這樣睡著了！一直到早上太陽升起、陽光刺眼到醒來，才發現全身都是露水，然後他才出現。他跟我說：「路太暗了！找不到回來的路。」

我的員工也說他們曾上來找我，雖然有發現我的車，但是山上黑，手機又沒訊號，所以根本找不到我。

那一晚，我就這麼一個人獨自在山上和屍體度過。

有人比我還勇敢

我也曾遇過那種警察都不想進去，卻有一對夫婦可以沒事般繼續待著的現場。

事情是這樣，有一次在大同區一間出租套房裡，據說死了三個人。一開始以為是很嚴重的刑事案件，我衝到現場後，發現沒人想進去。一踏到那個樓層，就聞到濃濃的臭味，屍水已經快從這間流到對面那一間了！而對面那一間，裡面依舊有住人，像是什麼事情都沒發生似的。

我進入現場後，一看就稍微鬆一口氣，因為那三個人是在浴室施打毒品，死在現場的，不是什麼兇殺命案。但是我想說，應該要告知一下對面的人吧？而且這味道這麼濃，他們還住得下去，實在很佩服。

我敲敲門跟他們通知一下，說：「對面有意外死亡的現場，不曉得你們知道嗎？」

對方說：「我們知道。」

「那你們要不要迴避一下，待會兒要把大體搬出來，味道會更濃喔！接下來還要清理一下現場。」

對方很快的說：「不用」，然後就把門關起來了。

哇！我真的很佩服這對夫婦！那味道連我都覺得噁心了，他們過這麼久也沒報警，也不怕，還可以睡得著，真的是比我還勇敢呢！

幫他們找到回家的路

意外現場中，除了有證件的命案外，無名屍最讓人頭痛。如果是男性，通常只要採集指紋、比對役男身分就可以查出是誰。但如果是女性，除非她有前科，不然通常都會石沉大海。在收無名屍的過程中，有許多不足為外人道的辛苦。

最難的指紋採集

我記得之前有次電話打來，說有人看到大佳河濱公園有一具浮屍。我馬上騎著摩托車一直追，誰知道當時正漲潮，河流速度特別快，一路從中山轄區流到松山轄區，對面又是內湖轄區，消防隊也開著橡皮艇在追趕。這一路追了老半天，終於找到他，先請消防隊用屍袋裝起來，再套上繩子。我們將死者拉起來，沒有證件，明顯是一具無名屍。我一看到他的指紋，就頭皮發麻了！因為他的手已經皀化得非常嚴重，皀化的手指紋採證相當困難，因為太滑，所以紋路不清楚。

那天我試做了各種方法，就是弄不出指紋。或許回去想想辦法，讓自己休息一下會好一點，所以檢查官就暫時將大體冰起來，讓我隔天再來。

之前說過，我在業界採集指紋的能力數一數二，不過那次我真的遇到難題，做到快抓狂！連續用了好幾種方法，做了三次，第一次做不出來，第二次、第三次還是做不出來。

最後我只好請求支援，跑去請教鑑識中心，他們說：「你冬瓜ㄟ！採指紋還需要我們喔！」

「我要找你們，就是真的很難做呀！」我說。

幾個好友覺得我這麼說，肯定是有難度，所以也引起他們的好奇心。一到現場，馬上用膠模的方法，還是做不出來；用針打腫了，試著再採，還是沒辦法！這樣搞了一個多小時，能用的都用了，最後連鑑識中心的人都走了，還是做不出來。

我回家後想了好久，突然想到或許可以用剝離的方式，但需要檢察官、法醫的同意。我找到法醫並獲得同意，將大體的其中一隻手指的指紋皮切割下來，帶著它回家泡水（以前的人都是泡酒精或高粱酒，但事實上皮一被酒精浸泡，組織就會緊縮，也就做不出來了。）。過沒多久就讓表皮與真皮分開，但我擔心泡久也會爛，所以也先問過法醫，該要用多少比例的防腐劑才不會讓皮爛掉。我將這塊皮丟進自製的福馬林藥水中，但正面已經皂化的指紋還是採不到。最後我突發奇想，用香菸外盒的透明塑膠紙套上，塗上印泥，再套上那個手指，這樣紙紋就被我壓出來了。

那是唯一的一枚，我趕快送去刑事組做役男比對，後來就因為這唯一的一枚指紋，查出來這位男性的身分。原來，他是一名住在三重、做鐵工的男性。

汐止無名屍的歸處

另外一次無名屍的故事，我曾經在電視上說過。說真的，我覺得那是一家沒什麼良心的建設公司。他們標下一塊汐止的土地後，就開始整地，其實這家公司早就知道這塊土地是「萬善堂」，就是無名屍的墓地。但他們當初也沒有想到要幫無名屍找地方住，或許還想說，就這樣蓋一蓋，反正也沒人會知道吧！

不過因為其中的執行者認識我老婆，他在整地的時候挖到了這些屍骨還把這件事告訴我老婆。我老婆發了善心，跟我說她希望可以幫助這些無名屍。但一開始，我跟她都沒想到會有那麼多，一挖才發現總共有三、四十具。

我們開始想要怎麼幫忙，可能走公部門嗎？但是走公部門，需要跑很多流程，我們沒有那麼多時間去跑流程。這些法條或是流程，我和老婆都很了解，挖起來後還要再公告等。所以，我們跟區公所的管理員溝通，希望可以由我們協助，讓他們入土為安。但之間還是需要走流程，例如挖出要拍照等。

事情就是這麼剛好，我們一公告，就有人捐出骨灰罈，一次捐了三、四十個。開始動工撿骨很辛苦，不只是要把他們撿出來，更要小心的再清洗，很多小細節要處理。

在做這些事情的同時，我們開始擔心另外一件更重要的事情，因為骨灰罈和整理都還算是小事，塔位才是最大的問題！我老婆陸續在詢問，哪裡有那麼多塔位可以歸放時，又這麼湊巧，突然就有人捐出三、四十個塔位。就像是冥冥之中注定的，我們從沒有想過有誰會捐贈塔位，當初還很擔心要去哪裡找，沒想到事情就這樣順利的完成。當然這次是因為我老婆發的善心，我只是幫忙辦辦法會而已。其實那時我老婆剛被診察出癌症復發，正在淡水馬偕做化療，她正為生病而感到萬念俱灰，幾乎想自殺，但知道這件事情後，卻因有想幫忙的善心，而燃起了求生的意志。辦完這件事後，她也真正決定不做化療或其他侵略式治療，好利用最後剩下的生命來幫助人。

現在，我也沒做無名屍了。當初做，是有好的出發點，以前沒有人要做，我就去做，不為任何目的。但現在大家覺得做這個除了可以幫忙外，還有其他利益可圖，那我就給別人去做，不再費心搶生意。

警察最高榮譽獎章

我從早期萬華區的流氓混混，到後來幫助亡者找回家的路，無名屍也做、命案現場也做，盡力替死者做了很多平反。這幾年的努力花了我很多精力和時間，就在默默工作時，當時的警察局局長洪勝堃就在他退休前一天，頒發給我一個至高的獎章：「警察最高榮譽獎章」。

這個獎章肯定了我的努力

他是我打從心裡敬佩跟感謝的人，現在已經是「中華民國國際刑警之友協會」的祕書長，專門負責打擊國際犯罪組織。他說，他是代表警界，感謝我這麼多年跟警察一起突破多起的案件。雖然有人會說，得獎是錦上添花，不過當我獲得這個榮譽時，我還是覺得相當感動。受到肯定，讓我感覺自己不再只是一個混混，我的努力連社會也認同了！

當時這個獎章也頒發給另外一位蘋果日報的記者。如果大家還有印象的話，他就是當時揭發士林隨機殺人事件的人，那個兇手假借租屋，在與屋主無冤無仇的情況下大開殺戒，自己也受了傷、跑去醫院。那位記者一看到那個嫌犯，馬上就報警了。這樣子的機智與勇氣，讓他也獲得了一面獎章。

話先說在前頭，我得這個獎，並不是因為我很早就認識洪局長，是他先知道我用心工作後，直到近幾年，才有機會跟我相處，也更了解我這個人。說真的，他真是一個好局長，是一個放心將權力下放的好長官。大部分的人都會擔心東、擔心西，還會怕必須承擔員工犯的錯，但他不會，我在他身上學到了很多。

我記得他跟我說過：「冬瓜，如果你權力下放，你會活得比較好；你不下放，你反而會死，會累死啦！沒有人可以自己一個人做那麼多事情。」

這段話我現在想起來，特別有感觸。因為我工作這些年來，都是靠自己一個人打拚，不懂得讓別人一起分擔，我就是這樣，才失去了很多本來該珍惜的事物。

最重要的是，做該做的事！

我很開心並且感謝這些從以前就認識的警界朋友，還有鑑識中心一同學習成長的伙伴。

說真的，我以前不曾在學校跟同學好好一起為了課業討論事情。但跟這群警界朋友在一起，就好像回到學生時期，我們幾乎天天一起吃飯、談案子，或是為了查某個案件，沒日沒夜的討論。

現在很多電視評論節目會說，警察們多不好、多懶惰，但至少我自己認識的這些警察朋友們，讓我看到的都是最努力辦案的一面，他們非常非常的認真。之前說過，我沒再跑意外現場，都是因為他們這些人，一個比一個有出息，全部都升官了！現在我恨不得他們都當基層、不要升遷、不要當官，我們還可以像以前一樣泡茶聊天，哪會像現在這樣子有隔閡。

這幾年我不做意外現場，就是不想讓我的朋友被冠上莫須有的罪名。想想看，假設朋友的下屬不喜歡我，但我冬瓜因為和長官很熟，所以下屬們也要因為這層關係，每個現場都找我，那我和這群長官們的友誼就會變調、不單純了啦！

這些年下來，我們幾個惺惺相惜，破獲了許多刑事案件，這個獎項的功勞，不是我一開始就想要擁有的。事情這麼湊巧，讓冬瓜我可以有一個感到驕傲和自豪的成就。總歸一句話，如果年輕人想要成功，就要用最正當的想法，去做該做的事。出發點是最重要的，我當初的出發點是「有興趣、好奇心」，這會促使人更有責任感和榮譽心。你說我是為了這個獎嗎？當然不是，我哪知道誰會頒這種獎給我，又怎麼會知道什麼樣的人可以獲得這個獎？

我只是將自己分內的工作做到問心無愧，這樣而已。

警察最高榮譽獎章肯定了我的努力。

第四章

真實的我

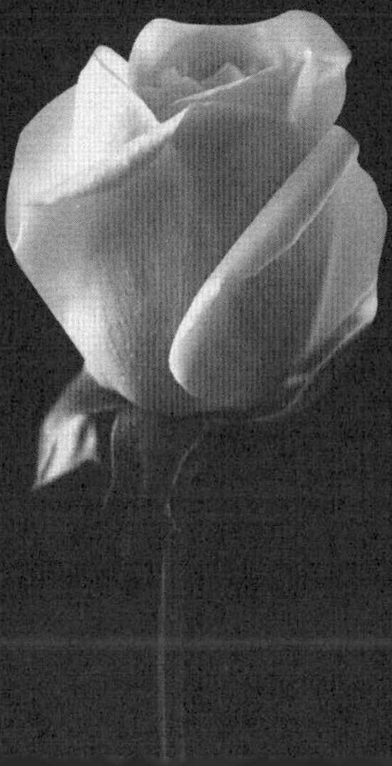

嚴師才能出高徒

在這個業界裡，大家都知道我冬瓜是「恐怖分子」，公司像是「魔鬼營」，對待員工很嚴厲。只要有人跑來我這裡上班，旁邊的人都會問：「你吶敢去冬瓜那裡上班？」

就是要將心比心

我是採取以前那種傳統的「三年六個月」的學徒教育方式在教，希望他們可以走正確的路。做我們這一行，路一走偏，害的不只是自己，還會讓很多家屬這輩子有遺憾。當然，我是冬瓜，員工來我這裡工作，出去就是背著我冬瓜的招牌，絕對不能做偷雞摸狗的事情。

我也知道，現在年輕人對待工作的態度正在轉變，以現在年輕禮儀師的心態來說，你要讓他們付出真心去對待家屬，很難。許多業界的人，做事都是昧著良心，不只是葬儀這一塊，賣靈骨塔的也是，看到會令人很心痛。但是我一個人無法阻止這種事情的發生，我只能把我的員工教好。我常常很嚴厲的跟他們說：「只要你在冬瓜這間店，你們就老老實實的去做，不敢說有福報，至少好死一點。這樣到地下室（死後的地獄）報到的時候，才不會覺得對不起誰。」

如果來我店裡，應該常常會聽到我在大罵員工，因為很多事情只要一不用心，就絕對做不好。我常跟他們說：「你要把每個往生者當作是你的爸爸媽媽！假設今天別人在你父母的告別式上犯了一個錯，你會怎樣？要學會將心比心！」

沒有人可以馬上來當禮儀師

通常想來我這邊上班的人，必須先通過三個月到半年時間的打雜期，每天就是來掃地、整理公司，磨磨個性、試試耐性。這段時間，很有可能會需要幫忙備貨，或出去幫忙告別式，漸漸認識庫銀、招魂幡什麼的。這樣以後人家講到這些東西，他才會知道那些是什麼，當然也會慢慢知道為什麼要準備這些東西、有什麼用處。有人在這段時間就撐不下去了、沒耐性了，自然就會離開這裡。有些人可以撐下來，我就會看情況，讓他做助理。從助理到禮儀師，還需要一年半到兩年的時間。這中間就要慢慢學習，我也會慢慢放手讓他們做，好認識每個細節。他們沒時間去看書，或是背傳統的時程，就跟我一樣從做中學，有不懂，我會立刻教他們，另外也負責到喪者家裡面去幫忙。不過我的員工們現在已經很好命了啦，既然我沒在收意外現場了，他們也就不用去了。

我有一些朋友會問我：「冬瓜，你幹麼一天到晚都在顧店？」

不是我愛顧店，是要顧前顧後、東看西看。就像我之前講的，在告別式前一天，我都要看到日程表，土葬火葬前也是，得去現場看看狀況，確定一下員工有沒有努力工作、有沒有在學習。如果出狀況了，我還可以看看要怎麼樣馬上補救。所以說，我做這間店真的很累，以前我老婆才會常常抱怨我都沒回家陪她。

禮儀師最大的挑戰是溝通

除了基本的禮儀師訓練之外，現在的殯葬都整合在一起，家屬不需要自己東奔西跑。既然我們要接手處理每個環節，那麼禮儀師最重要的工作項目，就是與所有家屬都溝通到沒問題為止。禮儀師一定要眼看四面、耳聽八方，甚至能聽別人訴苦、抱怨。這些過程都能幫助禮儀師吸取不同的意見，之後才有辦法居中協調。

禮儀師得是溝通高手，才能給家屬心理最大的安撫，讓他們知道，事情交給你一定可以完美的完成。就像遇到躁鬱型的家屬，禮儀師該怎麼辦？我就曾經遇過這種狀況，派哪個禮儀師給他都不對，每一個人他都看不順眼，不管做什麼動作他都可以嫌。我當下就跟禮儀師說，你就讓他罵吧！我來換其他禮儀師！在這之中，這個家屬半夜打、中午打、下午打，連連打了二、三十通電話，換了三個禮儀師，他的情緒才漸漸平復下來。所以說，做這行要很有耐性。

我們像海綿一樣，但接觸的卻幾乎都是負面情緒，可是禮儀師一定要體諒家屬。他們最摯愛的人離開了，難免會呈現出情緒的最差狀態。如果禮儀師沒犯錯，被家屬罵一罵，其實也不用放在心上，時間會證明一切。三個月後，他一定會漸漸恢復元氣，就不會再打來，也不會記得你了！

現在新面孔的禮儀師越來越多，老面孔越來越少。這一行的入門門檻很低，一個人掛個招牌，跟我當年一樣，也可以自己開始做葬儀。但是，公道自在人心。這種「一人葬儀社」，常常沒仔細想過後路，甚至也不經營品牌。他們沒什麼成本，就這樣賺了幾筆大錢後就跑了的也很多。

各位想加入殯葬業的朋友，我奉勸大家，請給死者最後的尊嚴！不管往生家屬有沒有錢，既然今天有緣幫忙他處理後事，就當是好朋友，幫他更有尊嚴的走吧！

靈異有影嘸？

我從事這麼多年的殯葬行業，處理過的往生者超過一千具，但卻很少遇到大家說的靈體或是靈異事件。你問我有嗎？我一定說有，但是從事殯葬這二十年來，至少我自己沒有看過。只能說，我曾經有感覺到磁場或是情緒不太一樣，那種不一樣的氛圍，是一踏進去就會知道的。有的人死得很怨，看眼睛就知道；有的是滿臉過度驚嚇，像是車禍的現場就常這樣。

那種異樣，其實不需要感應，用眼睛就看得出來。

平常心面對，就沒有忌諱

很多人會說，他看到什麼或是遇到什麼靈異的事情。如果是真的，那也就罷了，但有些人只是在裝神弄鬼。我倒覺得這樣的人自己會遇到不好的果，因為他種下了嚇別人的因。

我的態度，就是敬鬼神而遠之，不過做了這些年來，要說禁忌，我還真的沒那麼多傳統的忌諱。例如以前的人認為，上吊的人不能用剪刀剪開繩子，因為古代的觀念就是要把結打開。但是現在如果把結打開，我可是會被檢察官罵死，這樣等於破壞現場！因為檢察官會看那個結到底是不是死者自己打的，所以我還是得用剪刀，甚至連要剪的時候，都還要拍照，確定那一刀是我剪的。如果說我在意禁忌，那我不是早就完了！另外說到屍水，我連屍水都喝過了，也沒怎樣。

處理大體的時候，我都是用平常心去面對。這個是我的工作，專心去做，不要拿這些事情來嚇人家。除非遇到比較臭的遺體，我會把皮鞋和皮包放在室外，到時候衣服洗一洗就好了！

禁忌是人定的，是人在心中劃一條界限，我不相信我這樣做會怎樣。如果那些我處理的亡者，每天都輪流來找我，我嚇不都嚇死了！怎麼可能繼續做殯葬甚至意外現場。

還有人會說什麼死後要變成厲鬼來找誰誰誰報仇，我覺得那樣自殺的人是最傻的了。你連生前都不敢找這個人了，死後你的靈體怎麼可能還敢去找他？所以不要再亂聽信迷信故事，為了這種笨理由，自己了斷生命。

不可思議的巧合

雖然我是沒碰過靈異事件，不過有一次的經驗還滿讓我覺得不可思議的。

有天晚上我作夢，夢到一個女生全身是血的躺在一個小套房裡。隔了幾天，派出所打電話說：「冬瓜，有個自殺現場要你過去一下。」

我很直接反應說：「查某ㄟ！」

他說：「你那ㄟ災！」

我趕快騎著摩托車到現場，一進去我看到現場，嚇到馬上打電話說：「這不是自殺的，是別人殺的！」

那裡的陳設跟我夢到的現場一模一樣，而且死者的血跡方向也確定是他殺。但是那個現場卻沒有拉封鎖線，小套房裡還有好多死者的朋友，我趕快把他們趕出去，才立即將現場改成是他殺刑事案件。不過因為那次闖入的人太多，現場跡證全都破壞掉了，所以到最後，這個案件一直沒有破案，令人非常遺憾。

這大概就是我少數經驗中比較奇特的了。

十個神棍・八個王八

「修法如牛毛，得道如牛角」。說真的，人生很難參透，我冬瓜沒有信仰哪個法門派別，只要宗教和信仰的出發點是好的，不去走偏就好！

在這行裡，既然是服務業，那麼家屬要用道教儀式或是佛教儀式，甚至基督教儀式都好。我們也都一定會切實照辦。在過程中，「引魂」跟「擲杯」也都沒問題。當然，跳離殯葬業，你問我，這兩種儀式是真的嗎？有用嗎？我之前就提過，這些都是心理的安慰，是世上人的儀式。「擲杯」比較像是機率問題，在殯葬業裡，是一種求心安的方法。那就好像是往生者藉由「擲杯」給世間上的人一個答案去遵循，所以我們說：「在世用講話、往生用擲杯」，但是「擲杯」的是人，還是往生者？

搏杯真的能決定什麼嗎？

我講個例子跟大家一起分析看看，大家覺得我該不該問家屬說：「你爸死之前有交代要土葬或火葬嗎？」

這個問題，不是「搏杯」就可以決定的，這件事情決定在有錢土葬，還是只能火化。所以，有需要搏杯去問嗎？

不過，如果下不了決定，或是想心安些、聽聽往生者的意見，那我也可以幫忙。列如說，只能火葬，不知道往生者答不答應，這時候我就知道怎麼幫忙。假設一直「搏沒杯」，我換個方法問，很好解決的。

講坦白一點，殯葬業也需要多一點賺錢的機會！我也喜歡家屬「搏沒杯」，這樣我就可以說：「某某某，那我可以幫你多做什麼事情，多找什麼老師來唸經，呼你卡好走咧！好不好？」如果這時候，突然「搏有杯」，那我就可以多做幾場儀式，用好的骨灰罈了！

搏杯可以一步一步的引導，不管有沒有杯，我都可以講到我要的目的。所以如果是上面講的情況，我都會直接問家屬：「不用搏杯啦！看要怎麼做，你自己決定啦！」喪葬這種事，量力而為就好。你如果覺得這樣做會對往生者比較好，就這樣去做，包含引魂也是，或許也不需要特別請到什麼大德高僧。

每個人有每個人的修為，一個作惡多端的人，幫他做再多法會，能幫他解脫一切的罪孽嗎？我是覺得很難啦！所以我都說，我現在是在彌補一點點年輕時的錯誤。我現在做的都無法還清了，更何況找人超渡。如果說真的有冤親債主，法會超渡做再多，討厭你的冤親債主也不會因為這樣就放過你！

在世者正傷心難過，求心安最重要。但是這樣「求心安」的過程中，難免會出現需要用這種方式賺錢的人，也就是常常出現在這些場合的「扁仙仔」。

不懂的，也都自稱是「老師」

前幾個月，我們服務的一位家屬，就被一個扁仙仔騙買了一塊墓地。那家人都是高知識分子，不曉得是怎麼認識那個扁仙仔、怎麼被騙的，過程我不是很了解。

只是一開始的時候，我就覺得這個家庭很特別。因為通常委託我們的人，會順便請我們看墓地和棺木，這家人竟然沒有。一問之下，發現對方已經找了一個「老師」來幫他們看。我覺得那也沒關係，我們不會因為這樣就不願意做，只是在過程中，發現有些事情跟我們傳統的習俗有所出入時，才覺得事有蹊蹺。

我們的禮儀師跟家屬在聊的時候，都覺得那個「老師」看的時間、日期，或是看事情的角度跟我們不太一樣。像是禮俗通常是地挑好了，才看日子，但是那個老師卻正好相反，先看日子，再去挑地。另外，到了頭七之前，我會請禮儀師給我日課表，好確認流程有沒有問題，讓我能跟去看頭看尾，但是對方卻說：「老師沒有給日課表。」

我覺得很怪，所以就直接跟家屬溝通說：「抱歉，這場我可能沒辦法接。」對方覺得奇怪，冬瓜你怎麼會是這種人，馬上來問到底是什麼原因不接。

我就直接跟對方說：「因為從頭到尾都覺得很奇怪，土葬很挑時程，而老師挑的時程不是好時間。另外，通常本命是向東就是向東，但是這個老師卻是挑相反的方向。我怕這場葬儀跟老師無法配合，所以我們退出。」

解釋完後，我再次跟他們表達歉意。對方家屬就自己開始討論，因為他們很清楚我冬瓜不是會輕易說不做的人，所以後來又撥了電話來問我。

我說：「你們如果覺得我一個人講很沒有公信力，也可以隨便找個會看時程的人，或是管墓園的『土公仔』，看看這件事情我說的對不對。」

沒想到家屬們真的去問了那個墓園的土公仔，土公仔才跟他們說：「我就覺得你們挑方向很奇怪，那ㄟ胡亂葬！」

最後他們才相信我說的話，那個老師根本看不懂方位，甚至連一些最基本的時程都沒有幫家屬查。這種東西，說小事也小事，大事也大事！那個老師毀了名譽是他家的事，但我冬瓜的店是有「貞節牌坊」的！不對的事情，我們也不敢接！

所以，這件事情戳破了這個人擺明就是不懂裝懂的扁仙仔。他只是為了賺錢，就把人家搞得團團轉。

他們大多只能給人心靈安慰

另外還有一種扁仙仔，假裝說自己可以感應或是引魂，幫你與往生的家屬做溝通。這種人超多的，不過我通常會睜一隻眼、閉一隻眼，只要那個人不是太誇張的騙錢，這也是他謀財的方式。通常他們都會跟家屬說：「他在那邊可能沒有過得很好、沒有很高興喔！你可能還要再做一次超渡，或是再燒什麼什麼給他。」

通常家屬是很願意花這種錢的，所以扁仙仔總會一點一點的引導對方。我會視而不見是因為我覺得：「或許那也可以給家屬某種精神上的慰藉吧！」我也知道，當最親愛的家人離開自己時，那種壓力跟強烈的思念，會讓家屬迫切希望跟他有所聯繫。扁仙仔當然就是利用了這種人性弱點，當他抓住這個弱點，又假設家屬對往生者多少有些虧欠，就會用這種方式去賺取錢財。當然業者也會覺得，我幫往生者爭取該得的利益，有錯嗎？

這些扁仙仔不只會在超渡法會上出現，也會在一個人不順利的時候跑出來。通常人跑去求神問卜時，他們最容易講話講到你的心坎裡。你想想，如果一個人感情順到像是在吃麥芽糖，或是錢多到數不完，還會去算命嗎？不會嘛！就是在最脆弱或是不安的時候，才會跑去問神、問卜。既然求這個也算是一種心安，會讓人覺得舒服一點，只要不太超過，我就不會特意講破。

我還是相信世界上，的確有真的會通靈的人，也絕對有會算命的人。但是這些人不會跟你談生死，也不會說你以後怎樣，而是講你以前怎樣。講未來的事情是種未知，講出來了很可能什麼事情都會改變，像我自己就曾經遇過一個我覺得很厲害的老師，他只是跟我喝喝茶、聊聊天，就能講得出過去我發生過的事情，神準到我心裡超佩服。

但這種高人既不會洩漏天機說未來，也不會搞得人心情七上八下的！

他們給我的遺書

很多人會把我當作心靈的導師，甚至直接將遺書寄給我。每次收到這樣的信，我心臟都快要停了！因為他們在面對人生最黑暗的時刻，對我這麼信任，但我卻不一定救得了他們。

死前她只寫了一封信給我

說真的，在我的抽屜裡，這樣的信太多了，甚至許多人我都跟他們通過好幾次電話，可是我只能說：「你麥想那麼多啦！人生總ㄟ過去！」

但過不了多久，就會接到家屬打來的電話，要我去辦理喪葬的事宜。我心裡很替他們難過，但是我沒有什麼辦法啊！我記得，有一次我還被檢察官叫去詢問，他問我：「死者為什麼只留遺書給你，你知道這件事情嗎？」

我說：「我知道她想要輕生，先前打過幾次電話來，但是她都沒留電話給我。我勸了很多遍，希望她想開一點，但沒想到她還是離開人間。」這個婦人甚至沒留信給自己的丈夫，難怪檢察官會覺得很奇怪，幹麼留遺書給一個不相干的人。這件事情發生後，我細問丈夫整個來龍去脈，才了解她真正熬不下去、想自殺的原因。這個婦人的先生原本是個飯店的廚師，但是飯店關了，先生頓時沒工作了。他希望可以自己做做生意，但不曉得究竟是出了什麼問題，店開一家倒一家。到老婆自殺前，他還欠房租三個月、店租也欠了兩個月。他老婆一直勸他不要做、希望他去找工作，但事情還是沒有好轉，所以最後老婆想不開就自殺了。

事情發生後，男女雙方的親戚都有出面討論喪葬怎麼辦。我盡量用家屬們希望的簡單形式去處理，最後花了十二萬多。我一開始就打算把家屬給我的這些錢，提供給她的先生。這種事情是個循環，沒有錢，先生依舊有壓力，生活可能也過不下去，下一個想不開的可能就會是先生！所以我把這筆錢交給他，也告訴他，希望趕快把該繳的費用都繳了、重新過生活，至少先度過難關。

不要批判，要更多關懷

每封寄來的信背後，都有著一段故事，尤其現在憂鬱症、躁鬱症的患者這麼多，要他們「看開」，或用幾通電話就想要扭轉他們的觀念，真的很困難。通常會想自我了斷的，不外乎感情遇到了困境、病魔、債務，或是本身有精神疾病。這種壓力把人逼到某個情境之下，人就很容易無法跨過障礙，隨時一個情緒低落的念頭出現，就會輕生。

說真的，看過這麼多生生死死，你問我有什麼感覺，我會說，人都會有終點。每一個自殺者都有一段難過的背景和心理障礙，才會想早一點結束人生。我也曾經有過這樣的情緒，心裡會有個念頭一直說：「我幹麼活得那麼辛苦？」那當下才能體會，這些人為什麼要這麼快走到人生的終點。

我們可以慢慢去理解每個故事，但是當事者內心最深處，是我們無法了解的。我從來不批判自殺者，反而鼓勵每個人要發揮家人的力量，甚至是朋友的力量，去關懷身邊那些有自殺傾向的人。只有這樣，才有可能適時的拉他們一把。諒解與關懷是很重要的，過程也會很辛苦，因為他們會一而再、再而三的重複心裡的不愉快，也會把很多情緒倒出來。但如果他是你獨一無二的家人、是好朋友，大家一定要多陪他們說說話。也許一、兩年的陪伴，他也能走向陽光、珍惜生命。

我看霸凌事件

有一陣子新聞每天都在報導國中小學校園裡的霸凌事件，這些新聞讓我特別有感覺。之前也有很多節目想請我去上，聊聊我怎麼看這個現象。

霸凌現象從來沒有消失過

說真的，這個現象一直都有，至少從我小時候欺負別人開始，我就知道霸凌的存在。只是現在或許家長對老師的態度，跟以前那個年代家長對老師的態度有很大的不同，再加上現在的少子化現象，大人普遍很寵小孩，事情就更難解決了！

我以前被老師罰，或是老師一狀告回家裡，至少都還有一些警告作用，因為我會怕我阿嬤知道。以前有的家長還會給小孩吃幾根藤條，說：「怎麼會壞到老師都跟我說？」但現在的社會中，小孩最大，老師講的算什麼？自然而然小孩就爬到老師的頭上了！老師又不是萬能超人，當他要給小孩威嚴的形象，卻又建立不起來的時候，孩子就很容易連老師都一起霸凌。所以我才會覺得，霸凌是社會和家長教導給小孩的。全體社會在改變，媒體一直持續報導，當然就把事件鬧得更大了！

學會霸凌別人的小孩有兩種，一種就是班上總會有一兩個的那種「好人家」的小朋友，他爸爸也許有權有勢，家人非常寵，他自己也會產生一種驕傲的心態，把別人都當成低下等級的人看待。這種孩子認為，我爸這麼厲害、這麼有勢力，你們拿我沒轍，誰敢欺負我？這種孩子橫行霸道、目中無人，長大後會繼續對別人做一樣的事情。

另一種就是我這種，看到這種自傲霸道、有錢有勢的小孩，我就會想說：我沒有靠山，如果自己不強一點，就會是被欺負的弱勢！不過這當然也跟我生長的環境有關，我從小就在芳明館附近長大，一定會有樣學樣。看過那麼多黑道、流氓和混混，我就自成一派，變成小流氓。從那時候，我就知道要吸收游離分子，心裡會想成群結隊來反抗那些滿嘴仁義道德的人。

但說實話啦，我也沒那麼正義！我們這兩種人長大後，有錢有權的人就開始怕、逃啊！但是他們可能有高學歷或是較高的社會地位，就會開始用其他方式來壓制我們這種黑暗的勢力。

校園混混就像癌細胞

什麼叫作吸收游離分子呢？就是我會在外頭看，有些小孩比較不像我這麼壞，只敢偷偷腳踏車。我會把他叫過來，不是打他，而是跟他說：「你去偷，偷回來給我。」然後我就自己分個三、五十塊，那些小孩就這樣慢慢被吸收。我覺得這樣的方式很像癌症，一個人吸收兩個人，接著四個、八個，越來越多、漸漸擴散開來，就像癌細胞一樣。等到形成一群人之後，你就很難攻進來了！當勢力龐大到末期，你說要「抗癌」，大部分的方式都已經沒有用了！

說真的，仔細想想，這些狀況都是來自家庭問題，不管是太寵小孩的那種權貴，還是像我這種有父母也像沒父母的家庭跟生活環境。沒人管、四處都是流氓混混，不欺負別人也很難，種種跡象都是有跡可循的。

一個孩子壞，不是真的壞

該怎麼解決霸凌，或是改變已經會霸凌別人的小孩，甚至是杜絕校園霸凌事件？說真的，我不知道可以怎麼辦。但我知道，一個小孩子壞不是真的壞，我甚至還是相信人性本善，旁邊的人鼓勵或是家庭關心他，也許就有機會、機緣去改變他，那才是最基本的。我那時候的心態就是想要贏、想要很威風，因為我缺乏真正愛我的人的關懷。

但另一方面，如果說小孩已經懂得霸凌別人，那表示他已經很成熟了，或許到這階段，父母親、朋友也都已經勸不動了，除非跟我一樣吃到虧。

現在想想，吃到虧是多大的福報，我也是到了某個年齡之後，才覺悟到那時候跟我在一起的芳明館弟兄們，後來幾乎沒有一個跟我一樣，離開人世的一堆、繼續吸毒糜爛的也一堆。我算是裡面最幸運的一個。

改變需要挫敗和覺醒，如果沒有發生重大的事情，人生很難突然改變。想要先杜絕這樣的事情，需要家長從小對小孩的教育開始做起。

大人拚命寵小孩、不好好教他、放任他，這樣的校園狀況就會持續不斷的代代重演。

現在我只要親情

我跟我兒子有一段很單純的相處時光，就是那陣子我有一餐、沒一餐的住在三溫暖的時期，每天就是我們兩個相依為命。但那段日子並不長久，因為我開始希望能給他更多更多，甚至不只有三餐溫飽，還希望他可以擁有更好的生活。有了這樣的動力後，我便開始拚了命去工作。

當國大代表的司機時，我早出晚歸，甚至有時候就帶著他坐在早期的候選宣傳車上，一起出勤。那時候的生活品質依舊很不好，我也需要隨時待命。到了我自己的事業剛起步，兒子上小學時，我花更多時間去摸索葬儀的「眉眉角角」，我兒子只好常常暫住在我的朋友家。或是有時候，我早上載他上課，晚上他就去找一家我朋友開的日本料理店吃晚餐，乖乖等我去接他。

我是個很有威嚴的爸爸，尤其在還沒遇到我老婆以前，脾氣很硬、很兇，動不動就大小聲，小孩也常常被我嚇得不敢說話。

我有養，卻不敢說我有教

我兒子是個很早熟的小孩，他跟著我看了那麼多事情，自己也很懂得看人臉色。不過在他成長的這段期間，我卻沒有選擇在他身邊，跟他度過大大小小的事情，當然到了我兒子讀高中的時候，我和他已經很少很少坐在一起吃頓飯、聊個天了。也許他上學，我才剛回家睡覺，或是早已經出門工作；晚上回到家，不是他先睡覺了，就是我先睡覺了。我們可能一個禮拜才見一次面，我教養他的方式，就是怕他餓肚子，所以我不會忘記每個星期把錢放在他的桌上，讓他至少不缺錢。我也知道，這樣久而久之，就像是用金錢在安撫小孩，我有負起養他的責任；教他，我不敢說我有做到。

現在我活到了這個年紀，常常在想，是什麼原因讓我這麼愛工作？反而忽略小孩和我親愛的老婆？我從小就不知道，有父母在旁邊照顧是什麼樣子。但我知道我的環境不好，自己一個人打拚很辛苦，所以我希望多拚出一點成就給孩子，讓他能過上一點好的生活。就這個信念，讓我在工作上沒日沒夜的衝刺。我這種沒有好背景的人，只能靠腳踏實地的方法賺錢。如果想有一定的成就，幾乎沒辦法休息，一定得從早到晚都在外面奔波，自然沒有跟家人相處的時間。久了，關係也就越來越薄了。

現在回想起來，我幾乎所有時間都耗在往生者的家屬身上。做我們這一行，不關心人家，就像是做事做一半、工作不認真。我的手機絕對是二十四小時待命，任何風吹草動，家屬都會打電話過來，就算半夜也一樣。我們不可能不理會家屬，因為他們剛痛失至親，我們就像是他們最大的支柱，必須把整個流程都處理到完美。況且先前我還另外有接意外現場，所以幾乎一年三百六十五天，全天候待命！

精神壓力那麼緊繃下，我又是個兄弟出身的人，對小孩的照顧方式，頂多帶在我身邊，不會講什麼話去教他。等到他越來越大，有了自己的人生方向，自然就會離開我了！現在的父子親情，已經有一段距離，要修復真的很難，除非發生什麼重大的事情，才有可能改變。

就連我老婆還在世的時候，也常問我說：「你為什麼都不陪我？」當下我會覺得，我每天下班後都有回家，晚上也跟你睡在一起，都有陪你啊！到最後，我才知道她要的是我的關心，因為就算我回到家，一有空還是在接家屬的電話，傾聽他們難過的事情，聊聊心事或是關心他們，卻冷落我身邊最親密的兩個人。

靠口碑讓我得要更努力

生活與工作的取捨，在我決定要做這行時已經注定了！我的脾氣很硬，相信自己努力去做的事情，沒有達不到的。常常有人說，這一行不是隨便什麼人都可以做起來的。大家可以看看，現在在做的，大部分都是集團式，而我可以在這邊站立好幾年，沒有跟各大山頭結盟、沒有跟各大醫院簽約，或是跟宗教團體合作，靠的是什麼？有人說，那是因為以前有警察朋友支持我去做意外現場，但現在他們都做大官了，我都不想找他們了，這條路我也斷了，但我生意還是依舊。

之前某電視台的總經理就跟我說過：「冬瓜，你一定要有值得被『口媒』的品質。」而我也真的全心全力在做。有次我幫歐陽菲菲和歐陽龍的父親處理後事，站在我心目中的偶像～歐陽菲菲的旁邊時，才真覺得我的努力有被看到，竟也能幫上國際巨星的忙！就是因為以前做過的案子都有用心，所以現在才會不斷有人推薦我。我不敢說我是第一品牌，但至少是次二排第一名的！

或許也有很多人說，我是靠常上電視在行銷自己。但我覺得，上電視對我的公司並沒有好處，它的確能讓人家認識我，但是觀眾都覺得，上電視的人都嘛很貴，反而不敢來找我。這裡要宣傳一下，我冬瓜的店，以個性化服務為主，從不要錢，到三、五萬，甚至五十萬、一百萬的，我都可以做。就因為沒有一定的計價標準，才能跟業界有不同的發展方式。

只剩空空如也的房子

但這種個性化的服務方式，卻也讓我自己嚐到「累」的滋味。現在家中空無一人，夜深人靜的時候，很多時間可以讓我自己問自己，突然就會覺得，好後悔好後悔！有老婆陪我的時候，我沒時間陪她，現在她離開了，家裡沒有人陪我吵吵鬧鬧，沒有精神的依靠，也沒有人聽我吐苦水。家裡少了她那一份溫暖呵護，無形上的寄託沒了，我後悔，我到底為什麼而拚？

記得我老婆在要離開的前幾個月，我心情很差、脾氣比較急、情緒容易不好，她還把員工叫回家裡，跟他們說：「你們老闆現在因為我心情不好，不管做什麼事情，你們都要小心一點，尤其是對待家屬，不要讓你們老闆被家屬抱怨，不然他就會容易對你們生氣。」

到頭來，我們兩個還是在為我們的公司打拚。

如果，如果人生可選擇重來，我想多陪陪家人，事業可以不要再這麼拚命了。我很清楚，或許在事業上，家屬會對我說：「冬瓜你很棒，你要加油。」這些話的確讓我有很成就感，也感到很欣慰，但是生活是自己的，我不希望未來的下個十年，我真的什麼都沒有了。

老婆過世後，如果不是因為要出書，不然我連要打起精神工作的心情都沒有，甚至還在考慮這家店要不要繼續做下去。有人跟我說，冬瓜你有社會責任，很多人需要你的幫忙。我也覺得可以啊！我就回到我和老婆赤手空拳開始奮鬥的小房子，小規模的做就好了。

我心裡永遠記得洪局長跟我說：「你要放下一些東西」，到今天我才真正體會，我把責任背太重，把自己當作神一樣！別人的身後事，我付出太多太多，所以對家裡，我付出太少太少。我種下這個因，所以現在得到這樣「空空如也」的果。

我還是感謝這趟幸運的人生

人生總是只能走一趟，沒辦法重來。或許人生真的重來，我還是一樣選擇了努力工作，去當個稱職的送行者。畢竟傷心的同時，我也很清楚，很少有誰的人生可以像我一樣活得這麼精采，有那麼多機會可以拚，工作又獲得那麼多成就感。

我比別人幸運，從一個社會邊緣人、更生人，重新踏回人生的舞台，這舞台又這麼廣闊，幫助了這麼多人。雖然目前看起來，我的家人都離我遠去，好像我又回到以前一樣。但現在我對生活的價值觀開始有些改變，因為現在起，我的目標不只是努力工作，還要多一點自己的生活時間、多關心兒子、活得比以前更簡單一點。

很想收起現在的店面，回到以前的時光。繼續幫助別人，不曉得還能做多久，但是就繼續這樣下去，誰也不知道我的未來還會發生什麼。

我什麼都經歷過了，該獲得的，我一項都不缺。

一切都隨緣，不強求吧！

國家圖書館出版品預行編目資料

黑夜裡的送行者：從艋舺大哥到禮儀師 冬瓜大哥談生也談死 /
郭東修（冬瓜）著 .
-- 初版 -- 臺北市；三采文化，2011.03
面；公分 . --（Mind Map：33）
ISBN 978-986-229-414-7（平裝）

1. 郭東修 2. 臺灣傳記

783.3886 100001349

suncolor 三采文化集團

Mind Map 33

黑夜裡的送行者

從艋舺大哥到禮儀師 冬瓜大哥談生也談死

作者｜冬瓜大哥（郭東修）
責任編輯｜杜雅婷 文字編輯｜張育珊 校對｜渣渣
封面設計｜藍秀婷 排版｜晨捷印製股份有限公司

發行人｜張輝明 總編輯｜曾雅青 發行所｜三采文化股份有限公司
地址｜台北市內湖區瑞光路 513 巷 33 號 8 樓
傳訊｜TEL:8797-1234 FAX:8797-1688 網址｜www.suncolor.com.tw
郵政劃撥｜帳號：14319060 戶名：三采文化股份有限公司
初版發行｜2011 年 4 月 10 日 定價｜NT$300
12 刷｜2023 年 10 月 10 日